Lb 44/814

MÉMOIRES

POUR SERVIR

A L'HISTOIRE DE NAPOLÉON.

PRÉCIS

DES

GUERRES DE CÉSAR,

PAR

NAPOLÉON,

ÉCRIT PAR M. MARCHAND, A L'ILE SAINTE-HÉLÈNE,

SOUS LA DICTÉE DE L'EMPEREUR ;

SUIVI DE

PLUSIEURS FRAGMENS INÉDITS.

PARIS,

CHEZ GOSSELIN, LIBRAIRE-ÉDITEUR,

9, RUE SAINT-GERMAIN-DES-PRÉS.

1836.

Tout exemplaire non revêtu de la signature manuscrite de M. MARCHAND, *sera réputé contrefait et poursuivi comme tel.*

STRASBOURG, IMPRIMERIE DE G. SILBERMANN.

PRÉFACE.

Le 27 avril 1821, huit jours avant sa mort, l'Empereur avait passé plusieurs heures de la journée à cacheter et à inventorier ses boîtes, ses tabatières et d'autres objets destinés à son fils; ayant renfermé le tout dans trois boîtes d'acajou, sous les n°ˢ 1, 2 et 3, il m'en rendit dépositaire pour les remettre à son fils, à l'époque de sa majorité.

Cette journée fut une des plus fatigantes

qu'eût encore éprouvées l'Empereur dans le cours de sa maladie, une des plus affligeantes pour nous par le développement de ces symptômes qui annoncent une fin prochaine. A plusieurs reprises, les vomissemens le forcèrent de suspendre la dictée de ses dernières volontés; tout ce que nous fîmes pour l'engager à cesser un travail qui causait des accidens aussi graves, ne put l'en détourner.

« Je suis bien fatigué, nous disait-il; je le « sens, peu de temps me reste, et il faut en « finir. Donne-moi un peu de ce vin de Cons- « tance que Las Cases m'a envoyé, une larme « ne saurait me faire de mal. » J'osai lui faire observer que cette liqueur était bien contraire à celle que lui avait ordonnée le docteur Antomarchi. « Bah, dit-il, en secouant la tête, ni « les uns ni les autres n'y entendent rien. Tout « manque dans ce pays; que veux-tu que j'at- « tende? donne-moi de ce vin, il me ranimera. « Je ne veux rien faire pour abréger mes jours; « mais je ne tirerais pas la paille pour les pro- « longer. C'est là, me dit-il, en appuyant sa

« main sur le côté droit; c'est une lame de ra-
« soir qui me coupe en glissant. »

Tout ce que disait l'Empereur était rempli de dignité, de calme et de bonté; le lit dans lequel il était assis était couvert d'objets scellés, destinés à son fils et à sa famille; dans le nombre, se trouvait une tabatière d'or, ornée d'un très-beau camée, qu'il léguait à lady Hollande, comme un gage d'estime et de reconnaissance pour le soin qu'avait mis cette dame à envoyer à l'illustre captif de ces riens toujours si bien appréciés et auxquels on est si sensible dans le malheur; plus, une tabatière en or, sans chiffre, qu'il destinait au docteur Arnott, sur laquelle il fit une N avec la pointe d'un canif. Une simple petite planche de carton, qu'il tenait dans sa main gauche, lui servait de pupitre pour écrire; et de l'autre, il puisait dans un encrier que lui présentait, debout près de son lit, le comte de Montholon.

Auprès de lui était un collier de diamant; il le prit et me le donna : « Tiens, me dit-il, « j'ignore dans quel état sont mes affaires en

« Europe; cette bonne Hortense me l'a donné
« en quittant la Malmaison, pensant que je
« pourrais en avoir besoin. Je crois sa valeur
« de deux cent mille francs; cache-le autour de
« ton corps; arrivé en France, il te mettra à
« même d'attendre le sort que je te fais par
« mon testament et mes codiciles; marie-toi
« honorablement; fais ton choix parmi les
« familles des officiers ou soldats de ma vieille
« garde; il est beaucoup de ces braves qui ne
« sont point heureux; un meilleur sort leur
« était réservé, sans les revers de fortune sur-
« venus à la France. La postérité me tiendra
« compte de ce que j'eusse fait pour eux, si les
« circonstances eussent été tout autres.... » Fatigué, il se tut. Ces paroles ne s'effaceront jamais de ma mémoire, et après quinze ans elles
mouillent encore ma paupière de larmes.

Après quelques momens de repos, il ca-
cheta ses divers testamens et codiciles, au
nombre de neuf plis ou paquets séparés,
ayant tous à peu près la même forme, mais
d'épaisseur différente, pliés à l'un des quatre

coins, entourés d'une faveur rouge, revêtus de sa signature, scellés du sceau de ses armes.

Le même jour, à neuf du soir, enveloppé dans sa robe de chambre, assis dans un grand fauteuil, un petit guéridon devant lui, l'Empereur fit apposer, sur les codiciles et testamens, les signatures et cachets de ses trois exécuteurs testamentaires : le général comte Bertrand, le général comte de Montholon, et moi, et celle de l'abbé Vignaly, qu'il fit appeler à cet effet.

Il fit faire ensuite, en sa présence, par M. le général Bertrand, le procès-verbal suivant des neuf plis ou paquets cachetés :

Sur un pli numéroté I est écrit : « Ceci est mon testament, écrit tout entier de ma propre main. Signé : Napoléon. »

Sur un pli numéroté II : « Ceci est un second codicile à mon testament tout écrit de ma propre main. Signé : Napoléon. »

Sur un pli sans numéro : « Ceci est un troisième codicile à mon testament, tout entier écrit de ma propre main, signé et scellé de mes armes, qui sera ouvert le même jour et immédiatement après l'ouverture de mon testament. Signé : Napoléon. »

Sur un pli sans numéro : « Ceci est mon quatrième codicile faisant suite à mon testament; il sera ouvert le même jour que mon testament. Signé : Napoléon. »

Sur un pli numéroté V : « Ceci est mon codicile ou acte de ma dernière volonté, dont je recommande l'exécution à ma très-chère épouse l'impératrice Marie-Louise. Signé : Napoléon. »

Sur un pli numéroté VI : « Ceci est mon codicile ou acte de ma dernière volonté, dont je recommande l'exécution à mon fils Eugène Napoléon; il est tout écrit de ma propre main. Signé : Napoléon. »

Sur un pli sans numéro : « Ceci est une instruction pour Montholon, Bertrand et Marchand, mes exécuteurs testamentaires. J'ai fait un testament et sept codiciles, dont Marchand est dépositaire. Signé : Napoléon. »

L'Empereur ayant, ainsi qu'il le voulait, mis ordre à ses affaires, s'occupa longuement de notre état et de nos besoins pour notre retour en Europe. Il entretint ses exécuteurs testamentaires de ce qu'ils auraient à faire à leur arrivée en Angleterre et en France, pour que ses cendres ne restassent point exilées à Saint-Hélène. Ici j'extrais des instructions ce qui concernait le roi de Rome : « Vous l'enga-
« gerez à reprendre son nom de Napoléon
« aussitôt qu'il sera en âge de raison, et qu'il
« pourra le faire convenablement.

« S'il y avait un retour de fortune, et qu'il
« remontât sur le trône, il est du devoir de
« mes exécuteurs testamentaires de lui mettre
« sous les yeux tout ce que je dois à mes vieux
« officiers et soldats, et à mes fidèles servi-
« teurs.

« Mon souvenir fera la gloire de sa vie;
« vous lui faciliterez l'acquisition de tout ce
« qui peut lui faire un entourage dans ce sens;
« vous redresserez ses idées avec force sur les
« faits et les choses; vous devez trouver chez

« d'Albe, Fain, Menneval et Bourienne beau-
« coup de choses qui peuvent être d'un grand
« intérêt pour lui.

« A moins d'un retour de fortune en France,
« je désire que le moins possible mon sang
« soit à la cour des rois, et que mes neveux et
« nièces se marient entre eux, soit dans les
« États romains, soit dans la république suisse,
« soit dans les États-Unis d'Amérique.

« Entretenez par lettres, ou lorsque vous
« pourrez la voir, l'impératrice Marie-Louise
« de l'estime et des sentimens que j'ai eus pour
« elle; recommandez-lui mon fils, qui n'a
« d'autres ressources que de son côté.

« Faites une réunion de tableaux, de livres
« et de médailles, qui puissent donner à mon
« fils des idées justes et détruire les idées
« fausses que la politique étrangère aurait pu
« lui inculquer, afin qu'il voie les choses
« comme elles ont été.

« En imprimant mes campagnes d'Italie et
« d'Égypte, et ceux de mes manuscrits que
« l'on imprimera, on les dédiera à mon fils,

« ainsi que les lettres des souverains, si on
« les trouve: on doit pouvoir se les procurer
« des archives; ce qui ne serait pas difficile,
« puisque la vanité nationale y gagnerait
« beaucoup. »

Cette volonté dernière n'a été mise à exécution que par la publication d'une partie des manuscrits, dictés par l'empereur aux généraux baron Gourgault et comte de Montholon; l'autre partie est entre les mains de M. le général comte Bertrand, auquel je dois de pouvoir livrer aujourd'hui à l'impression les notes sur les Commentaires de César, qui étaient entre ses mains, et qui, depuis dix-huit mois, sont entre les miennes.

La nature de mon service me tenant sans cesse auprès de l'empereur, m'a appelé, soit à l'honneur de lui faire des lectures, soit à écrire sous sa dictée. C'est ainsi que les notes sur les Commentaires de César m'ont été dictées entièrement et presque constamment dans de longues insomnies, « où le travail, disait-
« il, apportait de l'adoucissement à ses souf-

« frances, et jetait quelques fleurs sur le che-
« min qui le conduisait au tombeau. »

N'ayant d'autres droits à faire valoir pour devenir propriétaire de ce manuscrit que la dictée qui m'en avait été faite, j'en écrivis à M. le comte Bertrand; sa réponse fut celle que je devais attendre de la bonté dont il m'a toujours honoré, et de l'obligeance qui lui est habituelle. En me laissant libre de faire de ce manuscrit l'usage qui me paraîtrait convenable, il s'est réservé l'honneur d'en éclaircir quelques passages lors de la publication, d'après les paroles mêmes qu'il pouvait avoir recueillies de l'empereur en diverses occasions.

Certes, s'il appartient à quelqu'un de fixer l'opinion sur la pensée de l'Empereur, c'est bien à l'homme qui a vécu dans sa plus grande intimité et qui par ses talens est capable d'éclaircir, s'il y en a, les passages qui seraient obscurs dans l'ouvrage.

Quant à moi, ma mission est de le livrer à l'impression tel qu'il m'a été dicté par l'Empereur, sans permettre que la plus légère altération y soit faite. Les hommes de l'art jugeront de la profondeur des pensées: c'est fidèlement que je les transmets à la postérité.

Quelques jets d'une première dictée, à la suite de lectures faites à l'Empereur, se trouveront à la fin de l'ouvrage: l'une sur la tragédie de Mahomet, l'autre sur l'Énéide; une pensée sur le suicide, et le deuxième codicile qui n'a pas été publié, intitulé : « Ceci est un second codicile à mon testament, écrit de ma propre main. » Ce codicile est le complément du testament et des codiciles qui ont été publiés.

J'avais eu la pensée de rattacher à cet ouvrage (mais non sous la forme d'un journal, j'aurais craint de manquer au respect et à la fidélité dont nous étions tous pénétrés pour la personne de l'Empereur, en me permettant d'en tenir un sans son autorisation), mes souvenirs sur l'île d'Elbe, les cent-jours et Sainte-Hélène; lorsque, mieux inspiré, j'ai pensé que cette dictée sur les Commentaires de César devait faire suite aux manuscrits publiés et à publier; que par conséquent c'était pure de tout entourage qu'il fallait la livrer à la publicité.

Mes souvenirs seront donc dus à ma mémoire, à la mémoire du cœur qui ne me manquera jamais. Puisse la publicité que je me propose de leur donner un jour, montrer l'Empereur tel que je l'ai vu : grand de génie, de talens et de gloire sur le trône; grand de courage et de résignation dans l'adversité : foudroyé..., mais debout.

Je n'aurais qu'une crainte ; je n'aurais qu'un regret, c'est que ma plume eût manqué à mon cœur.

Les derniers momens d'un grand homme offrent tant d'intérêt, que c'est en quelque sorte un devoir pour ceux qui en ont été témoins de les transmettre à la postérité. Je consigne ici le récit des derniers momens de Napoléon, tels qu'ils sont restés gravés dans ma mémoire, et tels que je les trouve dans mes notes.

Les heures qui précédèrent la mort de l'Empereur furent plutôt employées à des conversations graves ou à des lectures, qu'au soin de sa santé. Les deux dernières lectures qui lui furent faites furent, l'une, celle que lui fit le général comte Bertrand des campagnes d'Annibal, écrites par le général de brigade Fréderic Guillaume, et l'autre celle des campagnes de Dumouriez, que j'eus l'honneur de lui lire.

Il fit sa dernière dictée, dans la nuit du 29 au 30 avril, au général comte de Montholon; c'était un projet d'organisation militaire de la France, qu'il intitula Première rêverie. De quatre à cinq heures du matin, il me continua cette dictée, après le départ du général, en me la faisant intituler Seconde rêverie, qu'il me dit de joindre à la première.

Je n'ai point connaissance que ces fragmens aient été publiés jusqu'ici. Et ne serait-il pas regrettable que ces dernières pensées, échappées du bord de la tombe, fussent perdues? C'était, le chant du cigne.

L'Empereur se sentait si bien, qu'il se croyait de force, me disait-il, à faire quinze lieues à cheval; cet état, hélas! ne devait pas durer long-temps.

Dans la soirée du 2 mai, entre huit et neuf heures, préoccupé de dispositions testamentaires, et d'une tendre sollicitude pour son fils, l'Empereur me dicta les dispositions suivantes:

« Je lègue à mon fils ma maison d'habita« tion d'Ajaccio et ses dépendances; deux mai« sons aux environs de Salines, avec jardins; « tous mes biens dans le territoire d'Ajaccio « pouvant lui donner la valeur de cinquante « mille francs de rente.

« Je lègue... » Ici il se trouva si fatigué, qu'il remit la continuation au lendemain; mais avec la mémoire s'éteignait chaque jour l'existence de ce grand homme. Je connaissais les propriétés de l'empereur en Corse, et je savais qu'il n'avait rien de semblable à léguer à son fils. Il y avait eu dans la journée divagation; et cet état s'est souvent présenté, jusqu'au 5 mai, où tant de génie disparut de la terre.

La nuit du 4 au 5 mai fut très-agitée; au milieu d'un délire continuel, des mots inarticulés, FRANCE, ARMÉE, furent les derniers que nous devions entendre : l'Empereur ne parla plus!

A quatre heures du matin, le calme succède à cette agitation, c'est le calme du courage et de la résignation; l'œil de l'Empereur est fixe, la bouche est tendue; quelques gouttes d'eau sucrée, introduites par le docteur Antomarchi, relèvent le pouls; un soupir s'échappe de sa noble poitrine; nous renaissons à l'espérance.

A six heures du matin, tous les Français attachés au service de l'Empereur entrent dans sa chambre; ils commandent à la douleur qui les oppresse; l'âme glacée par le silence d'une chambre de mort, ils se rangent autour du lit que déjà nous entourions. Nos yeux fixés sur la tête auguste de l'Empereur, ne s'en détachent plus que pour chercher à lire dans les regards du docteur si quelque espoir restait encore; c'est en vain, l'impitoyable mort est là.

A six heures et demie du soir, le canon de retraite se fait entendre; le soleil disparaît dans des flots de lumières; c'est aussi le moment où le grand homme, qui domina le monde de son génie, va s'envelopper dans sa gloire immortelle. L'anxiété du docteur Antomarchi redouble; cette main qui guidait la victoire et dont il compte les pulsations, s'est glacée. Le docteur Arnott, les yeux sur sa montre, compte les intervalles d'un soupir à l'autre: quinze secondes, puis trente, puis une minute s'écoulent; nous attendons encore, mais en vain: l'Empereur n'est plus!

Ses lèvres sont décolorées, sa bouche est faiblement contractée, ses yeux sont fixes, son visage est calme et serein.

En cet instant, nos sanglots éclatent avec d'autant plus de force qu'ils avaient été plus long-temps comprimés. Les enfans de madame la comtesse Bertrand étaient entrés à dix heures; elle veut qu'ils baisent encore cette main qui depuis six ans leur a prodigué tant de caresses. La scène de désolation qui se passe devant eux ne leur permet pas de supporter de si terribles émotions; l'aîné de ces enfans s'évanouit; il faut les entraîner hors de ces lieux de douleur.

Dans cet intervalle, le capitaine Croket, accompagné du docteur Arnott, entre pour constater l'heure de la mort de l'empereur; sa démarche se ressent du trouble de son âme; il se retire avec respect, et semble faire des excuses de l'obligation où il se trouve de remplir cette mission.

Peu après, deux médecins anglais le remplacent, posent la main sur le cœur de la victime, et retournent froidement certifier à sir Hudson-Lowe le rapport du docteur Arnott.

Ainsi périt l'Empereur Napoléon, léguant l'opprobre de sa mort à la maison régnante d'Angleterre, laissant à la postérité le devoir de le venger du sicaire commis à sa garde, entouré de quelques serviteurs fidèles et dévoués, mais exilé loin de ces objets naturels d'affection que l'homme cherche à ses derniers momens : une mère, une femme, un fils.

Sans m'établir le critique des ouvrages qui ont été publiés sur l'île d'Elbe, les cent-jours et la captivité de Sainte-Hélène, partout où je trouverai la pensée de l'Empereur déguisée, je rétablirai la vérité en publiant les faits tels qu'ils sont à ma connaissance.

Ainsi, lorsque je lis dans le dernier ouvrage publié sur Sainte-Hélène, à la page 94 du second volume, que l'Empereur, après des éloges donnés à Malborough, et après avoir fait cadeau des campagnes de ce général au docteur Arnott, pour le 20ᵉ régiment, plaisanta sur Malborough, quand il eut congédié le médecin anglais, et chanta lui-même le premier couplet de la chanson faite sur ce général; je dois dire que ma mémoire ne me rappelle aucun fait semblable.

Que l'auteur, présent à la remise de l'ouvrage, n'ait point été maître d'un mouvement de gaîté, réveillé par une chanson avec laquelle il a été bercé, dit-il, je ne le lui conteste pas; mais il eût mieux fait de ne point rapporter cette circonstance, que de jeter un ridicule sur ce qu'il y avait d'honorable pour le 20ᵉ, dans le don de l'Empereur; il eût mieux fait aussi de le taire, car, certes, je n'aurais pas révélé le coup d'œil qu'il reçut, coup d'œil sévère et désapprobateur de son hilarité.

J'étais, comme lui, présent à la remise de cet ouvrage, puisque l'Empereur me l'envoya chercher dans sa bibliothèque; c'était après avoir passé les généraux en revue qu'il s'était arrêté à des éloges sur Malborough. Et avec ce ton solennel que savait prendre l'Empereur quand il voulait imprimer à sa munificence un cachet historique, il dit: « Tenez, docteur, « j'aime les braves de toutes les nations. Je « veux faire un cadeau au 20ᵉ; placez, de ma « part, ces volumes dans sa bibliothèque. »

Lorsqu'à Sainte-Hélène l'Empereur fit au général comte Bertrand l'honneur d'échanger sa montre contre la sienne, il rattacha un souvenir de gloire à ce don: « Tenez, Bertrand, dit-« il, elle sonnait deux heures de la nuit à Rivoli « lorsque j'ordonnai à Joubert d'attaquer. »

Ainsi savait donner l'Empereur!

Sans critiquer plus spécialement ce livre, je lis à la page 119, que l'Empereur donna de longues instructions à l'abbé Vignaly sur la chapelle ardente qu'il devra desservir après sa mort.

« L'Empereur, dit l'auteur, vit quelque « chose sur ma figure qui lui déplut. » Ma mémoire et au besoin mes notes me rappellent parfaitement cette circonstance; mais les paroles suivantes, mises dans la bouche de l'Empereur, se placent mal dans mon souvenir:

« Vous êtes au-dessus de ces faiblesses; mais « que voulez-vous? je ne suis ni philosophe ni « médecin. » Il fallait dire la chose telle qu'elle s'était passée, ou ne rapporter que la conversation de l'Empereur avec l'abbé Vignaly.

Je m'arrête. Ce n'est pas dans une préface que je chercherai à réfuter les erreurs qui ont pu être publiées sur l'Empereur. Je préfère terminer ces lignes par l'hommage flatteur que Napoléon a rendu à l'une de nos célébrités nationales.

« Connaissez-vous Larrey, dit un jour l'Em-

« pereur au docteur Arnott, dans une de ses
« visites? » « Je ne le connais que de nom, » répondit celui-ci. Cette interpellation venait à la suite d'une conversation dans laquelle l'Empereur cherchait à connaître si les Anglais éprouvent, à la suite des batailles, plus de pertes de blessés que les Français. Le docteur Arnott répondit que les chirurgiens français étaient fort instruits, mais qu'il croyait les pertes plus considérables de notre côté.

L'Empereur semblait croire le contraire, et en donnait pour raison les soins et les talens du baron Larrey, dont il fit l'éloge en ces termes:

« Quel homme, dit-il, quel brave et digne
« homme que Larrey! Que de soins donnés
« par lui à l'armée en Égypte, dans la tra-
« versée du désert, soit après Saint-Jean-
« d'Acre, soit en Europe. J'ai conçu pour lui
« une estime qui ne s'est jamais démentie. Si
« l'armée élève une colonne à la reconnais-
« sance, elle doit l'ériger à Larrey. »

Si nous avons été assez heureux pour recueillir les dernières paroles de l'Empereur, n'oublions pas, en les reproduisant fidèlement, de donner de la publicité à celles qui honorent l'homme vertueux qui les a si bien méritées.

Paris, 1ᵉʳ juin 1835.

MARCHAND.

PRÉCIS

DES

GUERRES DE CÉSAR.

CHAPITRE PREMIER.

Guerre des Gaules. Première campagne, l'an 58 avant Jésus-Christ.

I. César. — II. Guerre des Helvétiens. — III. Guerre d'Arioviste. — IV. Observations.

I.

César est né l'an 99 avant Jésus-Christ; il est mort l'an 44: il a vécu cinquante-six ans. Il n'était âgé que de seize ans lorsqu'il fut en butte aux persécutions de Sylla. Il fit ses premières armes sous le préteur Thermus, mérita la couronne civique à la prise de Mitylène, passa en Cilicie, séjourna à la cour du roi Nicomède, en Bithynie, fut quarante jours prisonnier des pirates, retourna à Rome après la mort de Sylla, accusa Dolabella, personnage consulaire, échoua dans sa poursuite, se retira alors à Rhodes, étudia l'éloquence à cette célèbre école.

A son retour, le peuple le nomma successivement tribun du soldat, questeur, édile, pontife. Il prononça l'oraison funèbre de sa tante Julie, sœur de son père et femme de Marius. Au milieu des images des Jules, le peuple romain vit avec plaisir celles des Marius; depuis, il plaça au Capitole la statue de ce célèbre vainqueur des Cimbres, ce qui lui attira l'animadversion du sénat. Il rappela Cinna, son beau-père, proscrit avec Sertorius. Il condamna à mort les sicaires de Sylla, assassins des proscrits.

Le peuple, qui le chérissait, le nomma préteur, l'an 60. Sa magistrature fut orageuse. Le sénat se déclara contre lui. Il gouverna la Cisalpine, et, l'année d'après, l'Espagne, comme propréteur. Il réunit trente cohortes en Portugal. Son armée le proclama *Imperator*. De retour à Rome, il sollicita à la fois le triomphe et le consulat. Il conclut avec Pompée et Crassus le premier triumvirat, et donna sa fille Julie à Pompée qui en devint éperdûment amoureux.

Nommé consul l'an 59, il se comporta comme un tribun, publia des lois agraires, distribua des terres aux pauvres, déclara Ptolomée roi d'Égypte et Arioviste roi des Suèves, amis du peuple romain. Le sénat lui fut constamment opposé. Il marcha à la tête du parti de Marius. Il fut nommé, l'an 58, gouverneur de l'Illyrie et de la Cisalpine, pour cinq ans : on lui donna trois légions. Peu de semaines après, il joignit à ces gouvernemens celui de la Gaule narbonnaise, avec une quatrième légion. Il en leva deux nouvelles; celle nommée l'*Alouette*, composée de Gaulois, se distingua. Il commença la guerre des Gaules avec six légions; dans le courant de la guerre le nombre en fut porté à douze. César a fait huit campagnes dans les Gaules, pendant lesquelles deux invasions en Angleterre, et deux incursions sur la rive droite du Rhin. En Allemagne, il a livré neuf grandes batailles et fait trois grands siéges, a réduit en provinces romaines deux cents lieues de pays, qui ont enrichi le trésor de 8,000,000 de contributions ordinaires. César, pendant la guerre civile, a combattu en Italie, en Espagne, en Illyrie, en Égypte, en Asie, en Afrique, dans les années 49, 48, 47, 46, 45; y a livré six grandes batailles, dont quatre contre les légions romaines du parti de Pompée, et deux contre les Barbares. Dans ces treize campagnes il a été vaincu trois fois, à Dyrrachium, à Alexandrie, en Afrique; mais ces échecs n'ont eu aucun effet sur l'issue de ses guerres. Ses lieutenans ont essuyé de grandes défaites qu'il a réparées par sa présence.

II.

Les Gaules étaient divisées en quatre parties: les Gaules belgique, celtique, aquitanique, et enfin la province romaine. La Belgique était comprise entre la Seine, le Rhin et la mer; la Celtique, entre la Seine, le Rhône, la Garonne et l'Océan; l'Aquitanique entre la Garonne et les Pyrénées; la Gaule narbonnaise ou romaine comprenait le Dauphiné, la Savoie, le Lyonnais, la Provence et une partie du Bas-Languedoc située sur les côtes de la Méditerranée.

Le gouvernement de César s'étendait sur la Gaule narbonnaise et sur la Gaule cisalpine : celle-ci comprenait toute la vallée du Pô; elle était bornée à l'est par le Rubicon, dans la Romagne, et à l'ouest par la Magra, près du golfe de la Spezzia. Ainsi il avait sous ses ordres la défense de toutes les frontières d'Italie, du côté de terre, toute la ceinture des Alpes et les provinces illyriennes.

Les Gaules étaient composées de petits États, qui se gouvernaient en forme de républiques confédérées pour leurs intérêts communs. Les assemblées de la nation se tenaient dans le pays chartrain. Les Gaulois passèrent les Alpes et envahirent l'Italie septentrionale six ou sept siècles avant l'ère chrétienne; ils y fondèrent les villes de Milan, Mantoue, Vérone, etc., etc. Ce pays prit le nom de Gaule cisalpine. Les Romains entrèrent en Gaule pour la première fois en 209 avant Jésus-Christ. Appelés par les Marseillais, ils passèrent le Var, suivant la corniche, pour éviter les Alpes. L'an 123 avant Jésus-Christ, le consul Sextus bâtit Aix en Provence. Les peuples d'Autun, l'année suivante, appelèrent le consul Domitius à leur secours contre les peuples d'Auvergne, qui étaient alliés aux Allobroges ou Dauphinois. Les armées se rencontrèrent près d'Avignon : les Romains furent victorieux. L'année suivante une nouvelle bataille eut lieu à l'embouchure de l'Isère dans le Rhône: les Gaulois furent battus et noyés dans cette rivière. Le Dauphiné et la Provence furent alors réduits en province romaine. Quelques années après, Rome fonda une colonie à Narbonne, ce qui étendit sa domination dans le Languedoc.

Les Helvétiens ou Suisses et les peuples du Brisgau prirent cette année, 58, la résolution de quitter leurs pays pour se porter en Saintonge, près des côtes de l'Océan. Ils brûlèrent douze de leurs villes et quatre cents de leurs villages, s'approvisionnèrent de farine pour trois mois, et se mirent en marche avec leurs chariots, leurs effets, au nombre de 368,000, dont 90,000 en état de combattre. César, qui venait d'être investi du gouvernement des Gaules, accourut en toute diligence, arriva le huitième jour à Genève, fit couper le pont du Rhône. Il n'y avait dans la province qu'une seule légion; il manda les trois vieilles qui étaient en Illyrie, et les deux nouvelles qu'il avait levées, fit construire un retranchement de seize pieds de haut et de six lieues de longueur, du Rhône au Jura. Pendant qu'il était occupé de ces préparatifs de défense, les Helvétiens lui envoyèrent demander le passage au travers de la province romaine; il leur fit une réponse négative le 13 avril (23 janvier). Ceux-ci, désespérant de forcer ses retranchemens, eurent recours aux Francs-Comtois, qui furent plus traitables. Ils traversèrent le Jura et arrivèrent sur la Saône. César avait de sa personne, pendant ce temps, repassé les Alpes, pour activer la marche de ses légions. Il entra à leur tête dans Lyon, arriva à Châlon-sur-Saône, surprit les peuples de Zurich qui étaient campés sur la rive gauche de cette rivière, les détruisit entièrement, se mit à la poursuite du reste des Helvétiens, les suivit pendant quinze jours, avec six légions et un corps de cavalerie de la ville d'Autun. Arrivé à une marche de cette ville, les Helvétiens l'attaquèrent à l'improviste: c'étaient des peuples intrépides. Il n'eut que le temps de placer ses quatre vieilles légions en bataille sur trois lignes, au milieu d'une colline, et les deux nouvelles, avec le bagage, au sommet. Après un combat fort opiniâtre, les Helvétiens furent battus; ils décampèrent dans la nuit même, et arrivèrent en quatre jours près de Langres, suivis par César, qui leur fit grâce, les obligea à retourner dans leur patrie et à rebâtir leurs villes. Ces peuples étaient réduits à moins d'un tiers (130,000).

III.

Arioviste, roi des Suèves, avait été déclaré allié du peuple romain. Appelé en Gaule par les Auvergnats et les Francs-Comtois, il battit les Autunois et leurs alliés, dans une bataille près de Pontarlier, soumit toutes ces petites républiques à lui payer tribut et à lui livrer des otages. Plus tard, il appesantit son joug sur les Francs-Comtois eux-mêmes, et s'appropria le tiers de leurs terres qu'il distribua à 120,000 Allemands. Un plus grand nombre, attiré par cet appât, se préparait à passer le Rhin; 24,000 étaient partis de Constance, et les cent cantons des Suèves étaient déjà arrivés sur les bords de ce fleuve : la Gaule allait être ébranlée dans ses fondemens, elle eut recours aux Romains.

César fit demander une entrevue à Arioviste. En ayant reçu une réponse peu satisfaisante, il passa la Saône et surprit Besançon. Après quelques jours de repos, il continua sa marche dans la direction du Rhin. Le septième jour, ayant fait un détour pour éviter les montagnes, les deux armées se trouvèrent en présence. César et Arioviste eurent une entrevue qui n'eut aucun résultat. Les Allemands étaient d'une haute taille, forts, braves. Après plusieurs manœuvres, les deux armées en vinrent aux mains, sur un champ de bataille éloigné de seize lieues du Rhin. Arioviste fut battu, son armée poursuivie jusqu'à ce fleuve, que ce prince passa sur un petit bateau. Ce désastre consterna les Germains et sauva les Gaules. César passa les Alpes de sa personne, laissant son armée dans les quartiers sous le commandement de Labienus.

Ainsi, dans cette première campagne, il livra deux grandes batailles contre les Helvétiens et les Suèves d'Arioviste, auxquels étaient mêlés des peuples de Constance, de Bohême, de Strasbourg, de Mayence.

IV.

Observations.

1. César mit huit jours pour se rendre de Rome à Genève; il pourrait aujourd'hui faire ce trajet en quatre jours.

2. Les retranchemens ordinaires des Romains étaient composés d'un fossé de douze pieds de large sur neuf pieds de profondeur, en cul de lampe; avec les déblais ils faisaient un coffre de quatre pieds de hauteur, douze pieds de largeur, sur lequel ils élevaient un parapet de quatre pieds de haut, en y plantant leurs palissades et les fichant de deux pieds en terre, ce qui donnait à la crête du parapet dix-sept pieds de commandement sur le fond du fossé. La toise courante de ce retranchement cubant 324 pieds (une toise et demie) était faite par un homme en trente-deux heures ou trois jours de travail, et par douze hommes en deux ou trois

heures. La légion qui était en service a pu faire ces six lieues de retranchement, qui cubaient 21,000 toises, en cent vingt heures ou dix à quinze jours de travail.

3. C'est au mois d'avril que les Helvétiens essayèrent de passer le Rhône. (Le calendrier romain était alors dans un grand désordre; il avançait de quatre-vingts jours: ainsi le 13 avril répondait au 23 janvier.) Depuis ce moment les légions d'Illyrie eurent le temps d'arriver à Lyon et sur la Haute-Saône: cela a exigé cinquante jours. C'est vingt jours après son passage de la Saône que César a vaincu les Helvétiens en bataille rangée: cette bataille a donc eu lieu du 1er au 15 mai, qui correspondait à la mi-août du calendrier romain.

4. Il fallait que les Helvétiens fussent intrépides pour avoir soutenu l'attaque aussi long-temps contre une armée de ligne romaine aussi nombreuse que la leur. Il est dit qu'ils ont mis vingt jours à passer la Saône, ce qui donnerait une étrange idée de leur mauvaise organisation; mais cela est peu croyable.

5. De ce que les Helvétiens étaient 130,000 à leur retour en Suisse, il ne faudrait pas en conclure qu'ils aient perdu 230,000 hommes, parce que beaucoup se réfugièrent dans les villes gauloises et s'y établirent, et qu'un grand nombre d'autres rentrèrent depuis dans leur patrie. Le nombre de leurs com-

battans était de 90,000 : ils étaient donc, par rapport à la population, comme un à quatre, ce qui paraît très-fort. Une trentaine de mille du canton de Zurich avaient été tués ou pris au passage de la Saône. Ils avaient donc 60,000 combattans au plus à la bataille. César, qui avait six légions et beaucoup d'auxiliaires, avait une armée plus nombreuse.

6. L'armée d'Arioviste n'était pas plus nombreuse que celle de César ; le nombre des Allemands établis dans la Franche-Comté était de 120,000 hommes : mais quelle différence ne devait-il pas exister entre des armées formées de milices, c'est-à-dire de tous les hommes d'une nation capables de porter les armes, avec une armée romaine composée de troupes de ligne, d'hommes la plupart non mariés et soldats de profession. Les Helvétiens, les Suèves, étaient braves, sans doute, mais que peut la bravoure contre une armée disciplinée et constituée comme l'armée romaine? Il n'y a donc rien d'extraordinaire dans les succès qu'a obtenus César dans cette campagne, ce qui ne diminue pas cependant la gloire qu'il mérite.

7. La bataille contre Arioviste a été donnée dans le mois de septembre, et du côté de Belfort.

CHAPITRE DEUXIÈME.

Guerre des Gaules. Deuxième campagne, l'an 57 avant Jésus-Christ.

I. Guerre des Belges. Combat sur l'Aisne. — II. Défaite des Belges du Hainaut. Bataille sur la Sambre. — III. Destruction des Belges sous Namur. Siége de Falais. — IV. Observations.

I.

Les Belges étaient de race barbare; leurs pères avaient passé le Rhin, attirés par la beauté du pays. Ils en avaient chassé les premiers habitans et s'y étaient établis. Ils étaient considérés comme les plus braves d'entre les Gaulois. Les Teutons et les Cimbres craignirent de les indisposer, et les respectèrent.

La défaite des Helvétiens, celle d'Arioviste et la présence de l'armée romaine, qui, contre l'usage, hivernait dans la Celtique, éveillèrent leur jalousie; ils craignirent pour leur indépendance. Ils passèrent tout l'hiver en préparatif, et ils mirent en campagne, au printemps, une armée de 300,000 hommes, commandée par Galba, roi de Soissons, dont le contingent était de 50,000 hommes; les peuples de Beauvais en avaient fourni autant, ceux du Hainaut, 50,000; de l'Artois, 15,000; d'Amiens, 10,000; de Saint-Omer, 25,000; de Brabant, 9000; du pays de Caux, 10,000; du Vexin, 10,000; de Namur, 30,000; et enfin 40,000 Allemands de Cologne, de Liége, de Luxembourg. Ces nouvelles arrivèrent au-delà des monts, où se trouvait César, qui leva deux nouvelles légions. Il arriva avec elles à Sens dans le courant de mai (février de notre calendrier).

Les peuples de la Celtique lui restèrent fidèles; ceux d'Autun, de Reims, de Sens, lui fournirent une armée qu'il mit sous les ordres de Divitiacus, qu'il destina à ravager le territoire de Beauvais, et il se campa avec ses huit légions à Pont-à-Vaire, sur l'Aisne, territoire de Reims. Il fit établir une tête de pont sur la rive gauche, environna son camp par un rempart de douze pieds de haut, ayant en avant un fossé de dix-huit pieds de largeur. L'armée belge ne tarda pas à paraître; elle investit la petite ville de Bièvre, à huit milles du camp romain. Cette ville avait une garnison rémoise; elle reçut un renfort dans la nuit, ce qui décida le lendemain Galba à marcher droit sur Pont-à-Vaire. Mais trouvant le camp parfaitement retranché, il prit position à deux milles. Il occupait trois lieues de terrain. Après quelques jours d'escarmouches, César sortit avec six légions en laissant les deux nouvelles pour la garde du camp; mais, de peur d'être tourné, il fit élever deux retranchemens de 3 à 400 toises de longueur, perpendiculaires à ses deux flancs; il les fit garnir de tours et de machines. Galba désirait tout terminer par une bataille; mais il était arrêté par le marais qui séparait les deux camps. Il espérait que les Romains le passeraient, mais ils s'en donnèrent bien de garde. Chacun rentra le soir dans son camp. Alors Galba passa l'Aisne; pendant la nuit il attaqua les ouvrages de la rive gauche, se mit à ravager le territoire rémois; mais César le battit avec sa cavalerie et ses troupes légères, et le chassa sur la rive gauche de l'Aisne. Peu de jours après les Beauvoisins apprirent que les Autunois étaient sur leurs frontières et menaçaient leur capitale. Ils levèrent sur-le-champ leur camp et allèrent au secours de leur patrie. Le signal de la défection une fois donné, fut imité; chacun se retira dans son pays. Le surlendemain les Romains firent une marche de dix lieues, donnèrent l'assaut à Soissons: ils furent repoussés; mais le lendemain les habitans se soumirent par la médiation des Rémois; ils donnèrent des ôtages. Alors César marcha sur Beauvais, accorda la paix à ses habitans, à la recommandation des Autunois, se contentant de prendre six cents ôtages. Amiens et plusieurs villes de la Picardie se soumirent également.

II.

Les peuples du Hainaut, les plus belliqueux et les plus sauvages des Belges, s'étaient réunis aux Artésiens et aux Vermandois. Ils étaient campés sur la rive droite de la Sambre, à Maubeuge, couverts par une colline et au milieu d'une forêt. César marcha à eux avec huit légions. Arrivé sur les bords de la Sambre, il fit tracer son camp sur une belle colline. La cavalerie et les troupes légères passèrent la rivière et s'emparèrent d'un monticule qui domine le pays de la rive gauche, mais plus bas que celui sur lequel voulait camper l'armée romaine. Les six légions qui étaient arrivées se distribuèrent autour de l'enceinte du camp pour le fortifier, lorsque tout d'un coup l'armée ennemie déboucha de la forêt, culbuta la cavalerie et les troupes légères, se précipita à leur suite, dans la Sambre, déborda sur l'armée romaine qu'elle attaqua en tous sens: généraux, officiers, soldats, tous furent surpris; chacun prit son épée sans se donner le temps de se couvrir de ses armes défensives. Les 9ᵉ et 10ᵉ légions étaient placées sur la gauche du camp; la 8ᵉ et la 11ᵉ sur le côté qui faisait front à l'ennemi, formant à peu près le centre; la 7ᵉ et la 12ᵉ sur le côté opposé, à la droite. L'armée romaine ne formait pas une ligne, elle occupait une circonférence; les légions étaient isolées, sans ordre, la cavalerie et les hommes armés à la légère fuyaient épouvantés dans la plaine. Labienus rallia les 9ᵉ et 10ᵉ légions, attaqua la droite de l'ennemi, qui était formée par les Artésiens, les culbuta dans la Sambre, s'empara de la colline et de leur camp sur la rive gauche. Les légions du centre, après diverses vicissitudes, repoussèrent les Vermandois, les poursuivirent au-delà de la rivière; mais les 7ᵉ et 12ᵉ légions avaient été débordées et étaient attaquées par toute l'armée du Hainaut, qui formait la principale force des Gaulois: elles furent accablées. Les Barbares ayant tourné les légions, s'emparèrent du camp. Ces deux légions, environnées, étaient sur le point d'être entièrement défaites, lorsque les deux légions qui escortaient le bagage arrivèrent, et que d'un autre côté Labienus détacha la 10ᵉ légion sur les derrières de l'ennemi : le sort changea ; toute la gauche des Belges, qui avait passé la Sambre, couvrit le champ de bataille de ses morts. Les Belges du Hainaut furent anéantis au point que quelques jours après, les vieillards et les femmes étant sortis des marais pour implorer la grâce du vainqueur, il se trouva que cette nation belliqueuse était réduite de six cents sénateurs à trois, et de 60,000 hommes en état de porter les armes, à 500. Pendant une partie de la journée les affaires des Romains furent tellement désespérées, qu'un corps de cavalerie de Trèves les abandonna, s'en retourna dans son pays, publiant partout la destruction de l'armée romaine.

III.

Les peuples de Namur étaient en marche pour se joindre à ceux du Hainaut ; lorsqu'ils apprirent leur catastrophe, ils se jetèrent dans la place de Falais, que la nature avait pris plaisir à fortifier ; elle est sur les bords de la Mehaigne, à 6000 toises de la Meuse, quinze milles de Namur et quinze milles de Liége.

Les peuples de Namur descendaient des Cimbres et des Teutons.

César marcha à eux en toute diligence, cerna Falais, fit construire une ligne de contrevallation de quinze milles de tour et de quinze pieds de haut, commença le siége en règle. Lorsque les Barbares virent ces énormes tours des Romains s'approcher de leurs murailles avec facilité, le contraste de la puissance morale de leur ennemi avec leur faiblesse physique les saisit d'étonnement et d'épouvante : ils eurent recours à sa clémence, jetèrent leurs armes par-dessus leurs murailles et offrirent des ôtages. César les accueillit avec bonté ; mais à minuit ces Barbares coururent de nouveau aux armes, fondirent à l'improviste sur le camp romain et y portèrent l'alarme et le désordre. Ils furent repoussés, perdirent 4000 hommes. Le lendemain le vainqueur entra dans la place et fit vendre à l'encan tous les habitans : il y en avait 54,000.

Ainsi se termina la seconde campagne de César. Il mit ses troupes en quartiers d'hiver et repassa de sa personne dans la Cisalpine. Il a livré dans cette campagne une grande bataille, celle de la Sambre, plusieurs combats sur l'Aisne, et fait un siége. La nouvelle de si grands succès remplit de joie la ville de Rome. Le sénat ordonna des prières publiques pendant quinze jours, ce qui avait été jusque-là sans exemple.

IV.

Observations.

1. César, dans cette campagne, avait huit légions, et outre les auxiliaires attachés à chaque légion, il avait un grand nombre de Gaulois à pied et à cheval, un grand nombre de troupes légères des îles Baléares, de Crète et d'Afrique, qui lui formaient une armée très-nombreuse. Les 300,000 hommes que les Belges lui opposèrent étaient composés de nations diverses, sans discipline et sans consistance.

2. Les commentateurs ont supposé que la ville de Fismes ou de Laon était celle que les Belges avaient voulu surprendre avant de se porter sur le camp de César. C'est une erreur: cette ville est Bièvre; le camp de César était au-dessous de Pont-à-Vaire; il était campé, la droite appuyée au coude de l'Aisne, entre Pont-à-Vaire et le village de Chaudarde; la gauche à un petit ruisseau; vis-à-vis de lui étaient les

marais qu'on y voit encore. Galba avait sa droite du côté de Craonne, sa gauche au ruisseau de la Mielle, et le marais sur son front. Le camp de César à Pont-à-Vaire se trouvait éloigné de 8,000 toises de Bièvre, de 14,000 de Reims, de 22,000 de Soissons, de 16,000 de Laon, ce qui satisfait à toutes les conditions du texte des commentaires. Les combats sur l'Aisne ont eu lieu au commencement de juillet.

3. La bataille de la Sambre a eu lieu à la fin de juillet, aux environs de Maubeuge.

4. La position de Falais remplit les conditions des commentaires. César dit que la contrevallation qu'il fit établir autour de la ville était de douze pieds de haut, ayant un fossé de dix-huit pieds de profondeur: cela paraît être une erreur; il faut lire dix-huit pieds de largeur, car dix-huit pieds de profondeur supposeraient une largeur de six toises; le fossé était en cul de lampe, ce qui donne une excavation de neuf toises cubes. Il est probable que ce retranchement avait un fossé de seize pieds de largeur, sur neuf pieds de profondeur, cubant 486 pieds par toise courante; avec ces déblais il avait élevé une muraille et un parapet dont la crête avait dix-huit pieds sur le fond du fossé.

Il est difficile de faire des observations purement militaires sur un texte aussi bref et sur des armées de nature aussi différente; comment comparer une armée de ligne romaine, levée et choisie dans toute l'Italie, et dans les provinces romaines, avec des armées barbares, composées de levées en masse, braves, féroces, mais qui avaient si peu de notions de la guerre, qui ne connaissaient pas l'art de jeter un pont, de construire promptement un retranchement, ni de bâtir une tour, qui étaient tout étonnés de voir des tours s'approcher de leurs remparts?

5. On a cependant avec raison reproché à César de s'être laissé surprendre à la bataille de la Sambre, ayant tant de cavalerie et de troupes légères. Il est vrai que sa cavalerie et ses troupes légères avaient passé la Sambre; mais, du lieu où il était, il s'apercevait qu'elles étaient arrêtées à 150 toises de lui, à la lisière de la forêt; il devait donc ou tenir une partie de ses troupes sous les armes, ou attendre que ses coureurs eussent traversé la forêt et éclairé le pays. Il se justifie en disant que les bords de la Sambre étaient si escarpés qu'il se croyait en sûreté dans la position où il voulait camper.

CHAPITRE TROISIÈME.

Guerre des Gaules. Troisième campagne, l'an 57 avant Jésus-Christ.

I. Guerre du Valais. — II. Guerre de Bretagne. — III. Guerre de la Basse-Normandie. — IV. Guerre d'Aquitaine. — V. Observations.

I.

César voulant s'assurer une route directe de Milan dans la Gaule, par le Simplon et le Saint-Bernard, et la vallée du Rhône, détacha Galba avec la 12ᵉ légion dans la Valais; celui-ci, à peine entré dans ce pays, reçut des députés des divers cantons qui lui demandaient la paix et lui offraient les ôtages. Il établit ses quartiers d'hiver dans le bourg de Martigni, qu'il fit fortifier d'un fossé et d'un retranchement. Cependant les naturels n'étaient rien moins que soumis; ils concertèrent leur soulèvement et accoururent de toute part investir et attaquer les légions romaines. Le combat fut chaud et meurtrier; le succès paraissait favorable aux naturels, lorsque Galba fit une sortie par toutes les portes du camp, fondit sur eux, les mit en déroute et leur tua plus de 10,000 hommes. Malgré ce grand succès les Romains ne se crurent pas en sûreté dans un pays si difficile, et le lendemain ils se mirent en marche pour repasser le lac de Genève et prendre leurs quartiers dans la province.

II.

A la fin de la campagne précédente, César avait détaché le jeune Crassus, qui depuis périt avec son père contre les Parthes, avec une légion, pour soumettre la Bretagne. Il s'était en effet porté sur Vannes, avait parcouru les principales villes de cette grande province, avait partout reçu la soumission des peuples et des ôtages. Il avait pris ses quartiers d'hiver en Anjou, près de Nantes. Cependant les Bretons, revenus de leur première stupeur, s'insurgèrent. Vannes, qui était leur principale ville, donna le signal. Ils arrêtèrent partout les officiers romains qui, pour diverses commissions, étaient répandus dans la province. La ville de Vannes était grande et riche par le commerce de l'Angleterre; ses côtes étaient pleines de ports. Le Morbihan, espèce de mer intérieure, assurait sa défense; il était couvert de ses bâtimens. Les confédérés ayant jeté le masque, firent connaître à Crassus qu'il eût à leur renvoyer leurs ôtages, qu'ils lui renverraient ses officiers, mais qu'ils étaient résolus à garder leur liberté et à ne pas se soumettre de gaîté de cœur à l'esclavage de Rome. César, au printemps, arriva à Nantes. Il envoya Labienus avec un corps de cavalerie à Trèves, pour contenir les Belges, et détacha Crassus, avec douze cohortes et un gros corps de cavalerie, pour entrer dans l'Aquitaine et empêcher que les habitans de cette province n'envoyassent des secours aux Bretons. Il détacha Sabinus avec trois légions dans le Cotentin, donna le commandement de sa flotte à Domitius Brutus: il avait fait venir des vaisseaux de la Saintonge et du Poitou, et fit construire des galères à Nantes; il tira des matelots des côtes de la Méditerranée. Mais les vaisseaux des peuples de Vannes étaient plus gros et montés par de plus habiles matelots; leurs ancres étaient tenues par des chaînes de fer, leurs voiles étaient de peaux molles. L'éperon des galères romaines ne pouvait rien contre des bâtimens si solidement construits; enfin, les bords étaient très-élevés, ce qui leur donnait un commandement non-seulement sur le tillac des galères romaines, mais même sur les tours qu'il était quelquefois dans l'usage d'y élever. Les javelots des Romains, lancés de bas en haut, étaient sans effet, et les leurs, lancés de haut en bas, faisaient beaucoup de ravages. Mais les navires romains étaient armés de faulx tranchantes emmanchées au bout d'une longue perche, avec lesquelles ils coupèrent les cordages, les haubans, et firent tomber les vergues et les mâts. Ces gros vaisseaux, désemparés, devenus immobiles, furent le théâtre d'un combat de pied ferme. Le calme étant survenu sur ces entrefaites, toute la flotte de Vannes tomba au pouvoir des Romains. Dans cette extrémité le peuple de Vannes se rendit à discrétion. César fit mourir tous les sénateurs, et vendit tous les habitans à l'encan.

III.

Sabinus arriva dans le Cotentin, choisit un camp commode et avantageux, l'employa avec activité à se retrancher. Véridovix, général des peuples de Coutances, avait grossi son armée de tout ce qu'il avait pu attirer de gens sans aveu de toutes les Gaules. Des peuples du Mans, d'Évreux, de Lizieux, après avoir égorgé leurs sénats qui s'opposaient à la guerre, avaient fermé leurs portes aux Romains et joint leurs troupes à celles de Véridovix, qui se trouvait ainsi à la tête d'une armée nombreuse. Il se campa à deux milles du camp romain, qu'il ne cessa de provoquer au combat. Sabinus se servit d'un stratagème pour accroître l'audace des Barbares; il leur dépêcha un faux espion qui leur dit que les Romains étaient prêts à décamper la nuit pour marcher au secours de César. A cette nouvelle les Gaulois se précipitèrent sur le camp. Les Romains, qui les attendaient, sortirent par deux portes à leur rencontre, les attaquèrent et les mirent en fuite après de vains efforts pour se rallier. Leur déroute fut complète. Tous les peuples de la Basse-Normandie se soumirent.

IV.

Crassus ne fut pas aussi heureux en Aquitaine. Renforcé par des troupes auxiliaires de cavalerie et par de nombreuses cohortes levées par Toulouse,

Carcassonne, Narbonne et plusieurs autres villes de la province romaine, il passa la Garonne. Les habitans allèrent à sa rencontre avec de nombreux corps de cavalerie : c'était leur principale arme. Crassus fut vainqueur et mit le siége devant Leitoure, leur capitale. Cette ville se défendit long-temps; ses habitans, ayant une très-grande quantité de mines, étaient très-habiles dans la guerre souterraine. De là Crassus marcha contre les peuples de Bazas. Ceux-ci avaient attiré à eux un grand nombre de soldats et d'officiers qui avaient servi sous Sertorius, et un bon nombre d'Espagnols. Contre l'usage des Barbares, ceux-ci se tenaient tranquilles dans leur camp, qui était retranché à la romaine, attendant que la faim obligeât les Romains à quitter leur pays. Mais Crassus y marcha, l'attaqua; ils se défendirent vaillamment; ils avaient fortifié les derrières. Crassus les força par là. Les trois quarts y furent égorgés : ils étaient 50,000. Les peuples de Bayonne, du Berry, d'Armagnac, de Bordeaux, de Dax, épouvantés par cette victoire, se soumirent.

Les peuples de Terouanne, de la Gueldre, du Brabant, du Boulonnais, n'avaient fait faire aucune soumission à César. Défendus par leurs forêts, ils étaient jaloux de leur liberté. Quoique la saison fût fort avancée, César, qui avait déjà le projet de passer l'Océan la campagne suivante, marcha sur Terouanne et se campa à l'entrée des forêts : il y fut accueilli par les naturels, et ne parvint à les soumettre qu'en abattant et brûlant les bois. Après cette course, qui n'eut pas un succès complet, il mit ses troupes en quartier d'hiver et de sa personne se rendit dans la Cisalpine. Ainsi se termina la troisième campagne des Gaules.

V.

Observations.

1. L'on ne peut que détester la conduite que tint César contre le sénat de Vannes. Ces peuples ne s'étaient point révoltés; ils avaient fourni des ôtages, avaient promis de vivre tranquilles; mais ils étaient en possession de toute leur liberté et de tous leurs droits. Ils avaient donné lieu à César de leur faire la guerre, sans doute, mais non de violer le droit des gens à leur égard et d'abuser de la victoire d'une manière aussi atroce. Cette conduite n'était pas juste; elle était encore moins politique. Ces moyens ne remplissent jamais leur but; ils exaspèrent et révoltent les nations. La punition de quelques chefs

est tout ce que la justice et la politique permettent ; c'est une règle importante de bien traiter les prisonniers. Les Anglais ont violé cette règle de politique et de morale en mettant les prisonniers français sur des pontons, ce qui les a rendus odieux sur tout le continent.

2. La Bretagne, cette province si grande et si difficile, se soumit sans faire des efforts proportionnés à sa puissance. Il en est de même de l'Aquitaine et de la Basse-Normandie ; cela tient à des causes qu'il n'est pas possible d'apprécier ou de déterminer exactement, quoiqu'il soit facile de voir que la principale était dans l'esprit d'isolement et de localité qui caractérisait les peuples des Gaules ; à cette époque ils n'avaient aucun esprit national ni même de province ; ils étaient dominés par un esprit de ville. C'est le même esprit qui depuis a forgé les fers de l'Italie. Rien n'est plus opposé à l'esprit national, aux idées générales de liberté, que l'esprit particulier de famille ou de bourgade. De ce morcellement il résultait aussi que les Gaulois n'avaient aucune armée de ligne entretenue, exercée, et dès-lors aucun art ni aucune science militaire. Aussi, si la gloire de César n'était fondée que sur la conquête des Gaules, elle serait problématique. Toute nation qui perdrait de vue l'importance d'une armée de ligne perpétuellement

sur pied, et qui se confierait à des levées ou des armées nationales, éprouverait le sort des Gaules, mais sans même avoir la gloire d'opposer la même résistance, qui a été l'effet de la barbarie d'alors et du terrain, couvert de forêts, de marais, de fondrières, sans chemin, ce qui le rendait difficile pour les conquêtes et facile pour la défense.

CHAPITRE QUATRIEME.

Guerre des Gaules. Quatrième campagne, l'an 55 avant Jésus-Christ.

I. Incursion des Allemands en Belgique. — II. César passe le Rhin. — III. Descente en Angleterre. — IV. Observations.

I.

La nation suève était la plus puissante de l'Allemagne; divisée en cent cantons, chacun fournissait 1000 hommes armés qui faisaient la guerre pendant une campagne et qui étaient relevés tous les ans par d'autres. Elle était errante, ne demeurait jamais plus d'un an dans la même contrée, aimait à s'environner de déserts, vivait du lait, de la chair de ses troupeaux et de sa chasse. Les hommes étaient robustes et d'une taille élevée; ils s'habillaient de peaux et avaient encore toutes les mœurs des tribus nées dans le grand désert.

Depuis trois ans cette nation s'était emparée du territoire des peuples de Berg et de Zutphen, qui, vaincus, erraient dans diverses contrées lorsqu'ils prirent le parti de passer le Rhin à son embouchure, au nombre de 450,000 âmes. Ils s'emparèrent des terres de la Gueldre et du Brabant, et finirent par s'y établir dans l'hiver de l'année 54. La renommée exagéra leur force et leur nombre et déjà plusieurs peuples gaulois comptaient sur leur assistance pour secouer le joug des Romains. César passa les monts de bonne heure pour marcher à eux, reçut les députés qu'ils lui envoyèrent comme il s'approchait de leur pays. Ils ne voulaient point faire la guerre; chassés de leur pays par d'injustes agresseurs, ils demandaient des terres pour pouvoir s'y établir tranquillement. César leur refusa leur demande et continua à marcher sur eux. Un corps de 5000 hommes de cavalerie gauloise s'étant approché de leur camp fut attaqué par 800 de ces Barbares qui le défirent entièrement. Après cet exploit, qui ne pouvait laisser aucun doute sur leur courage, les chefs et les vieillards se portèrent au camp romain en suppliant. César les fit arrêter, fit prendre les armes à son armée, marcha à l'heure même, attaqua et prit leur camp. Les débris de ces malheureux peuples repassèrent le Rhin, spécialement une grande partie de leur cavalerie qui ne s'était pas trouvée à la bataille.

II.

César demanda aux peuples de la rive droite du Rhin qu'ils lui remissent cette cavalerie, qui lui appartenait comme ayant fait partie d'une armée qu'il avait défaite; il éprouva un refus; cela lui servit de prétexte: il jeta un pont sur pilotis à Cologne, et passa le Rhin. Ses ingénieurs firent enfoncer deux pilotis en amont à deux pieds l'un de l'autre, et deux en aval, à quarante pieds des premiers; ces pilotis avaient un pied et demi d'équarrissage; ils les réunirent par une poutre qui formait le chapeau et qui avait deux pieds d'équarrissage. Ils firent autant de piles que l'exigeait la largeur de la rivière. Des madriers, des fascines formèrent le tablier du pont, qui fut construit en dix jours à compter du moment où les matériaux arrivèrent à pied d'œuvre. César fut accueilli sur la rive droite du Rhin par les peuples de Cologne; mais les Suèves coururent aux armes, se réunirent en assemblée générale et se montrèrent très-hostiles, ce qui le décida à repasser le Rhin et à brûler son pont après avoir séjourné dix-huit jours sur la rive droite, et n'y avoir rien fait.

III.

Du Rhin, César se rendit au port de Boulogne; la flotte de Vannes y était arrivée. Il embarqua, sur quatre-vingts transports et quelques galères, la 7ᵉ et la 10ᵉ légions, réunit sa cavalerie au port d'Étape et en chargea dix-huit gros vaisseaux de charge. Il osa s'assurer de la fidélité des Gaulois, se saisit d'un grand nombre d'ôtages, et laissa Sabinus pour commander son armée. Il leva l'ancre à dix heures du matin; il mouilla sur le rivage d'Angleterre, mais devant des côtes fort élevées; il rallia tout son convoi, et à trois heures après midi, au moment où la marée devenait favorable, il leva l'ancre et se porta à trois lieues de là, où il opéra sa descente sur une plage plate et unie. Les habitans défendirent le débarquement avec opiniâtreté, mais ils furent battus. Comius, roi d'Arras, qui avait précédé l'armée romaine pour préparer les esprits, fut d'abord arrêté et mis en prison ; mais depuis, les Barbares épouvantés le relâchèrent et le mirent à la tête des députés qu'ils envoyèrent à César, qui leur accorda la paix moyennant qu'ils lui donneraient des ôtages. Quatre jours après, les dix-huit bâtimens qui portaient la cavalerie arrivèrent en vue des côtes ; mais, accueillis par une furieuse tempête, ils devinrent les jouets de l'Océan. A la pleine lune, de grandes marées inondèrent son camp, surtout la plage où étaient échoués ses bâtimens, qui éprouvèrent beaucoup de dégâts. Ces deux accidens malheureux, et surtout la vue du petit nombre de troupes dont était composée l'armée romaine, encouragèrent les habitans, qui, revenus de leur première surprise, ayant eu le temps de se concerter, coururent aux armes, surprirent la 7e légion pendant qu'elle était au fourrage, et l'enveloppèrent. La 10e légion arriva à temps pour la dégager. A quelques jours de là les Barbares attaquèrent avec force, mais vainement, le camp des Romains ; ils furent repoussés. César s'embarqua avec son armée et arriva heureusement dans les Gaules quelques jours avant l'équinoxe. Le mauvais succès de cette expédition, ainsi que celle sur la rive droite du Rhin, fut l'objet des sarcasmes de ses ennemis et des jaloux qu'il avait à Rome. Cependant le sénat ordonna vingt jours de prières publiques.

IV.

Observations.

1. Les deux incursions que tenta César dans cette campagne étaient toutes les deux prématurées et ne réussirent ni l'une ni l'autre. Sa conduite envers les peuples de Berg et de Zutphen est contre le droit des gens. C'est en vain qu'il cherche dans ses Mémoires à colorer l'injustice de sa conduite. Aussi Caton le lui reprochait-il hautement. Cette victoire contre les peuples de Zutphen a été du reste peu glorieuse; car, quand même ceux-ci eussent passé le Rhin effectivement au nombre de 450,000 âmes, cela ne leur donnerait pas plus de 80,000 combattans, incapables de tenir tête à huit légions soutenues par les troupes auxiliaires et gauloises qui avaient tant d'intérêt à défendre leur territoire.

2. Plutarque vante son pont du Rhin, qui lui paraît un prodige; c'est un ouvrage qui n'a rien d'extraordinaire et que toute armée moderne eût pu faire aussi facilement. Il ne voulut pas passer sur un pont de bateaux, parce qu'il craignait la perfidie des Gaulois, et que ce pont ne vînt à se rompre.

Il en construisit un sur pilotis en dix jours; il le pouvait faire en peu de temps: le Rhin, à Cologne, a trois cents toises, c'était dans la saison de l'année où il est le plus bas; probablement qu'il n'en avait pas alors deux cent cinquante. Ce pont pouvait avoir cinquante travées, qui, à cinq pilots par travée, font deux cent cinquante pilots, avec six sonnettes; il a pu les enfoncer en six jours, c'est l'opération la plus difficile; le placement des chapeaux et la construction du tablier sont des ouvrages qui se font en même temps: ils sont d'une nature bien plus facile. Au lieu de mettre ces cinq pilots comme il les a placés, il eût été préférable de les planter tous les cinq à la suite les uns les autres, à trois pieds de distance, en les couronnant tous par un chapeau de dix-huit à vingt pieds de long. Cette manière a l'avantage que si un des pilots est emporté, les quatre autres résistent et soutiennent les travées.

3. C'est ainsi que l'ingénieur comte Bertrand l'a fait en 1809 sur le Danube, à deux lieues au-dessous de Vienne, vis-à-vis de l'île de Lobau. Le Danube est une toute autre rivière que le Rhin. Ce premier fleuve de l'Europe a là 500 toises de large, 28 pieds de profondeur. Le Rhin à Cologne, dans le moment où César le passa, n'avait pas 15 pieds de profondeur. L'ingénieur français construisit trois ponts sur pi-

tis, enfonça 2400 pilotis en vingt jours de temps. Le Danube, vis-à-vis de l'île de Lobau, est séparé par une petite île. Le premier bras avait 275 toises, l'île 50, et le deuxième bras 175 toises; total, 500 toises. Le grand courant était dans le petit bras qui était sur la rive gauche. Il fit sur le grand bras quarante-cinq travées, éloignées chacune de six toises; chaque travée, supportée par six pilots couronnés par un chapeau, avait vingt pieds de longueur: les pilots étaient enfoncés de dix pieds en terre et sortaient de six pieds au-dessus de l'eau; ils avaient trente à trente-six pieds de longueur: quatre petites sonnettes suffirent pour faire cet ouvrage en dix jours: chaque sonnette était portée sur un bateau; le mouton pesait 600 livres. Les chapeaux étaient assemblés par des boulons de fer de dix-huit pouces avec des crampons. Les traverses et les croix de Saint-André étaient entaillées et boulonnées. Il y eut plus de difficulté pour le petit bras; le courant était extrêmement rapide; il arrachait un pilot en une heure de temps s'il restait abandonné à lui-même; il fallut l'attacher au bateau de la sonnette aussitôt qu'il était enfoncé en attendant le deuxième pilot et qu'on les eût liés ensemble; on éprouvait aussi beaucoup de peine à faire arriver le pilot au fond de l'eau: aussitôt qu'il touchait terre et qu'on commençait à le battre, il était agité avec une telle violence qu'il mettait le feu au bateau. Il eût été impossible de battre les pilots du milieu du petit bras avec une sonnette ordinaire. L'ingénieur prit à Vienne des sonnettes soutenues sur deux bateaux, qui servaient au grand pont de cette ville. Si l'on se fût servi de ces sonnettes tout d'abord, il eût achevé le pont du petit bras en même temps que celui du grand bras, en dix jours. Le tablier du pont fut chargé de grosses poutres, pour diminuer l'oscillation produite par la force du courant. Au moment où on construisait ce pont on était en juin : la fonte des neiges avait fait croître le cours du Danube de dix à douze pieds; un mois plus tard la construction du pont eût été plus facile. Les pilotis avaient jusqu'à cinquante pieds de long.

Pendant ces mêmes vingt jours le général Bertrand fit à trente toises au-dessus une estacade qu'il couronna ensuite par des chapeaux, sur lesquels il établit un tablier; ce qui forma un second pont de huit pieds de large, pour l'infanterie et la cavalerie. Les piles étaient composées seulement de trois pilots.

Enfin, à 600 toises plus haut, il établit une estacade formée par un double rang de pilots, sur une longueur de 800 toises qui protégeait les deux ponts. Il construisit en outre deux ponts sur pilotis, de cinquante toises, sur un petit bras qui traverse l'île de Lobau, et un de soixante toises, entre l'île et la rive gauche du fleuve. L'île de Lobau avait 1800 toises de large. Le travail de ces ponts équivaut à dix fois au moins celui de César: il fut cependant fait en vingt jours, du moment où il fut ordonné. Avec quelques sonnettes de plus, il aurait pu être fait en moins de dix jours. Celui de César a été fait en dix jours, à compter du moment où les matériaux étaient arrivés à pied d'œuvre. On a employé à ces ponts du Danube 900 poutres de quarante-cinq à cinquante pieds de long sur deux pieds d'équarrissage ; 2500 poutres de trente-cinq à quarante pieds, sur quinze à dix-huit pouces d'équarrissage, et 9000 madriers de trente-six pieds de long sur neuf pouces de largeur et deux d'épaisseur.

4. Napoléon fit construire en outre un pont de bateaux de quatre-vingts toises d'une seule pièce. Les pontonniers d'artillerie y employèrent vingt-deux pontons: ils se servirent d'un bras de la rivière qui était couvert par une île. Ils lièrent ces vingt-deux pontons entre eux par des poutrelles; ils construisirent le tablier, et la nuit de l'attaque, ce pont descendit le long de la rive française, fut amarré par un de ses bouts, et opéra sa conversion en très-peu de minutes; il fut amarré à la rive opposée. Les co-

lonnes d'infanterie défilèrent sur-le-champ au pas de charge, au grand étonnement et à la grande surprise de l'ennemi, qui avait calculé avoir deux heures devant lui.

Les ponts d'une seule pièce doivent être perfectionnés. Il n'est pas nécessaire d'avoir un des bras de la rivière; à la nuit tombante les haquets peuvent arriver au bord de la rivière, y décharger les pontons sur un terrain à plan incliné; en deux heures une compagnie de pontonniers peut construire le pont sans employer ni clous ni marteaux, seulement avec des vis. Le pont doit être alors jeté à l'eau par l'effort simultané de 4 à 500 hommes; il faut le faire aussitôt converger jusqu'à la rive opposée; et à l'instant même la colonne d'infanterie débouchera en masse.

Peut-on jeter un pont d'une seule pièce sur des rivières comme le grand bras du Rhin et le grand bras du Danube avec des pontons pesant 1500 livres? Si cela est possible, comme on est fondé à le penser, il faudrait alors construire le pont dans l'eau le long de la rive, aussi pendant la nuit, parce que la rivière ayant plus de 200 toises de largeur, l'ennemi placé sur la rive opposée ne pourra pas s'en apercevoir. L'expérience fera connaître s'il est nécessaire de soutenir le mouvement de ce pont par trois ou quatre bateaux ancrés au milieu du courant, pour éviter qu'il ne se rompe au moment où, par sa conversion, il touche la rive opposée: ou si on pense que cela n'est pas nécessaire et que le système d'assemblage étant bien entendu il aura assez de force pour soutenir ce choc, sauf plus tard à jeter quelques ancres pour dominer l'effort du courant sur le centre, en peu d'heures, de huit heures du soir à minuit, le passage de la rivière serait effectué. Quel résultat!

Les bateaux peuvent contenir des tirailleurs qui, aussitôt que le pont a commencé à converger, fassent feu en amont et en aval; on peut même y placer des pièces de quatre en chandeliers, et un tablier au pont levis sur le devant.

5. Les gros bateaux de navigation sont plus propres que toute autre chose à la construction des ponts provisoires sur les grandes rivières, sur les derrières d'une armée, parce que les bateaux pris dans le pays sont en général très-grands et d'un excellent service; mais les pontons sont bien délicats pour servir aux ponts que l'on jette sur une rivière devant l'ennemi; ils sont bien exposés à des accidens; ils font de l'eau, soit par l'effet de la sécheresse, soit par celui de la mitraille ou du boulet, et ils sont submergés si le poids qui passe dessus est trop considérable, soit par un mouvement précipité d'infanterie, soit par la

réunion de plusieurs grosses pièces sur un point; enfin ils sont transportés sur des haquets, qui sont, de toutes les voitures d'artillerie, les plus incommodes, les plus lourdes, puisque la moindre a dix-huit pieds de long et que le ponton ordinaire en a jusqu'à trente; ce qui a l'inconvénient : 1° qu'ils n'échappent jamais aux regards des espions et des observateurs, et c'est cependant de toutes les voitures de l'artillerie celles qu'il importerait le plus de cacher à la connaissance de l'ennemi ; 2° qu'étant obligées d'approcher des bords de la rivière avec beaucoup de silence pour ne pas donner l'éveil à l'ennemi placé sur la rive opposée, elles ne le peuvent faire qu'avec les plus grandes difficultés, parce qu'aux approches des fleuves, il se trouve souvent des marais, des flaques d'eau ou des digues.

6. Il paraîtrait donc convenable, pour obvier à tous ces inconvéniens, de diviser le ponton en quatre bouées, chacune de huit ou neuf pieds de long, ayant à elles quatre la capacité d'un ponton propre à passer de grandes rivières, que l'on réunirait entre elles par des crochets; ce qui aurait l'avantage: 1° que ces bouées ne peseraient pas plus de 5 à 600 livres, et seraient dès-lors très-maniables; 2° qu'elles pourraient être portées sur toutes espèces de voitures que l'observateur ne saurait distinguer des autres voitures

d'artillerie; 3° que la pile, se trouvant alors composée de deux, trois ou quatre bouées, on peut, sans faire souffrir le service, en retirer une pour la raccommoder; on pourrait ne composer les piles que de deux ou trois bouées lorsque l'on n'en aurait pas un assez grand nombre pour compléter la pile à quatre bouées.

7. Ces bouées pourront s'enfoncer de quelques pouces dans l'eau sans que le pont coure aucun danger. Ces quatre bouées, qui équivalent donc à un ponton, n'auraient que la moitié de la capacité du ponton; car, sur 155 pieds cubes que déplace un ponton, soixante-seize pieds par ponton sont pour la partie du ponton qui est hors de l'eau, et qui ne doit jamais être submergée qu'en cas imprévu, afin d'être à l'abri de tout. Ainsi quatre bouées de cuivre ou de bois, chacune de la capacité de vingt pieds cubes, feront un meilleur service que le ponton actuel de 155 pieds cubes.

8. Le liége pèse 16 livres par pied cube, l'eau 70 livres; chaque pied cube de liége peut porter 54 livres. Un ponton qui serait de liége et tout plein peserait 1600 livres, déplacerait 100 pieds cubes et pourrait porter 5400 livres; en ôtant 1000 livres pour le poids du tablier fait de madriers et de poutrelles, il resterait 4400 livres, ce qui est suffisant pour le

passage des voitures de campagne. En partageant ce ponton de liége en quatre bouées, chacune étant de vingt-cinq pieds cubes, elles peseraient 400 livres et porteraient 1350 livres. Que d'avantages n'aurait pas un pont fait ainsi! Le choc des corps étrangers, les différences de l'atmosphère, le feu du canon, ne le feraient jamais submerger; il aurait le vrai caractère d'une machine de guerre, dureté, solidité, simplicité. Un pont ainsi composé, on pourrait, selon les circonstances, le former d'une, deux, trois, quatre, cinq ou même six bouées par pile, selon le nombre qu'on en aurait, la largeur de la rivière et le besoin du service. Les voitures qui porteraient ces bouées ne seraient plus obligées d'approcher de la rivière; ces bouées pourraient y être facilement transportées à bras d'hommes pendant l'espace de cent ou deux cents toises.

9. Les Orientaux se servent de peaux de bouc pour passer les rivières. Une outre se compose de neuf pieds cubes et a une surface de trente-six pieds carrés de peaux, qui pèse dix-huit livres; dix de ces outres pèsent cent quatre-vingts livres, forment une pile égale à un ponton de cuivre; ainsi une voiture seule pourrait en porter de quoi faire dix piles ou de quoi jeter un pont sur une rivière de trente toises. On peut objecter la délicatesse de ces outres, qui peu-

vent si facilement crever; mais la réponse est dans la composition de la pile, qui, étant formée de dix outres, laisse peu de craintes à avoir.

Douze livres de liége forment une ceinture qui s'attache sous les aisselles, et suffisent pour faire surnager un homme, de manière à ce qu'il puisse faire usage de son fusil. Quelques-unes de ces ceintures, avec un nombre égal de souliers de liége et de pantalons de toile imperméable, seraient nécessaires dans chaque compagnie de pontonniers, tant pour leur permettre de prendre les bateaux que pour leur donner plus d'assurance en travaillant dans l'eau à la construction des ponts.

10. Une ceinture de peau de bouc, composée de six parties, contenant ensemble un pied cube d'air, attachée sous les aisselles, fait surnager l'homme et ne pèse qu'une demi-livre. La division en six compartimens a l'avantage que si un, deux ou même trois viennent à crever, les trois autres suffisent pour faire surnager l'homme. De pareilles ceintures, qui ne donnent aucun embarras et n'ont aucun poids, seraient, ainsi que des souliers de liége et des pantalons de toile imperméable, d'un fort bon usage pour être délivrés, selon les circonstances, à de bons tirailleurs, pour manœuvrer sur des étangs, des bras de rivières, des fossés, et il devrait en être délivré un

certain nombre à chaque compagnie d'infanterie. Il est surtout nécessaire d'avoir un grand nombre de très-bons nageurs dans chaque compagnie de cavalerie et d'infanterie.

11. César échoua dans son incursion en Allemagne, puisqu'il n'obtint pas que la cavalerie de l'armée vaincue lui fût remise, pas plus qu'aucun acte de soumission des Suèves, qui au contraire le bravèrent. Il échoua également dans son incursion en Angleterre. Deux légions n'étaient plus suffisantes, il lui en eût fallu au moins quatre, et il n'avait pas de cavalerie, arme qui était indispensable dans un pays comme l'Angleterre. Il n'avait pas fait assez de préparatifs pour une expédition de cette importance : elle tourna à sa confusion, et on considéra comme un effet de sa bonne fortune qu'il s'en était retiré sans perte.

CHAPITRE CINQUIÈME.

Guerre des Gaules. Cinquième campagne, l'an 54 avant Jésus-Christ.

I. Seconde descente en Angleterre. — II. La légion de Sabinus est égorgée par les peuples de Liége. — III. Cicéron est assiégé dans son camp par les peuples du Hainaut. — IV. Induciomare, chef des peuples de Trèves, est tué. — V. Observations.

I.

Pendant l'hiver César se rendit en Illyrie; les Pyrastes en ravageaient les frontières; mais à son approche ces peuples lui envoyèrent des ambassadeurs, payèrent tous les dommages qu'ils avaient faits et fournirent des ôtages.

Les peuples de Trèves étaient partagés en deux factions sous Induciomare et Cingitarix; ce dernier était dévoué aux Romains. A l'approche de César à la tête de six légions, ces peuples se soumirent et lui donnèrent deux cents ôtages.

Vingt-huit galères et 600 bâtimens de transport étaient prêts sur les côtes du Pas-de-Calais, quarante qui, des ports de la Belgique, se rendaient au point de réunion, furent assaillis par de gros temps et dispersés dans la mer du Nord. César embarqua cinq légions et 2000 chevaux, laissant Labienus avec trois légions et 2000 chevaux pour garder les côtes et surveiller les Gaulois en son absence.

Il leva l'ancre au coucher du soleil, par un vent sud-ouest qui manqua à minuit; il aborda sur la même plage où il avait abordé l'année précédente. Les Barbares, intimidés à la vue d'une flottille si nombreuse, ne défendirent pas le débarquement; ils s'étaient campés à quatre lieues dans l'intérieur des terres. César marcha à eux, les força, et comme il se préparait à suivre ses succès, il fut rappelé à son embarcadaire pour réparer le mal qu'une tempête avait fait éprouver à sa flottille: quarante bâtimens avaient coulé bas; presque tous étaient plus ou moins endommagés. Il profita des dix jours qu'il lui fallut pour remettre ses bâtimens en état et pour environner son camp d'un bon retranchement; il tira à terre tous ses bâtimens.

Cependant Cassivellaunus, qui régnait sur la rive gauche de la Tamise, avait été nommé par les naturels du pays commandant de leur armée. Il s'approcha du camp des Romains, ce qui donna lieu à divers combats où il fut battu, rejeté au-delà de la Tamise, et fut poursuivi. César passa cette rivière de vive force, s'empara de la capitale de Cassivellaunus; ce n'était qu'un bois retranché. (Il y avait loin de cette capitale à Londres.) Il fit reconnaître Mandubratius pour roi des peuples des comtés d'Essex et de Middlesex. Ce jeune homme était venu le trouver en Gaule, implorer sa protection contre les ennemis de sa maison, qui avaient fait mourir son père. Pendant ce temps les peuples du comté de Kent attaquèrent le camp romain où était renfermée la flottille, mais ils furent repoussés. Cependant l'équinoxe d'automne s'approchait, ce qui décida les Romains à s'embarquer et à rentrer en Gaule.

César dit que les maisons de ces insulaires sont bâties comme celles des Gaules; qu'ils ont quantité de bétail, que leur monnaie est de cuivre ou de morceaux de fer; qu'il y a des mines d'étain dans l'intérieur, des mines de fer sur les côtes, mais peu abondantes; qu'il n'y vient ni sapins ni hêtres; qu'il leur est défendu de manger des poules, des lièvres et des oies; que le climat y est plus tempéré que celui de la Gaule; qu'ils n'ensemencent pas leurs terres; qu'ils vivent de lait et de chair de leurs troupeaux; qu'ils se peignent le corps avec des pastels, ce qui les rend comme du vert de mer; qu'ils laissent croître leurs cheveux et se rasent tout le corps, excepté la tête et la lèvre supérieure; qu'une femme y est commune à dix ou douze frères ou parens.

II.

La récolte a été mauvaise, les vivres étant rares dans les Gaules, ce qui décida César à étendre ses quartiers d'hiver : il plaça une légion dans le pays de Terouenne, une dans le Hainaut, sous les ordres de Cicéron, une en Normandie, une dans le Rémois, trois sous les ordres de Labienus, dans la Belgique; la 8º et cinq autres cohortes dans le pays de Liége, près de Tongre, entre la Meuse et le Rhin, sous les ordres de Sabinus. L'esprit des Gaulois étant en fermentation, il jugea nécessaire d'hiverner lui-même dans la province. Un seigneur chartrain descendant des souverains de ce pays, et que César avait établi pour récompenser son attachement aux Romains, fut publiquement assassiné par ses compatriotes. Les Gaulois n'aimaient pas les rois imposés par les étrangers. Il y avait quinze jours que Sabinus avait retranché son camp lorsque Ambiorix et Cativaleus, chefs des pays de Liége, se présentèrent pour l'insulter. Ayant été repoussé, Ambiorix parvint à persuader à Sabinus que tous les Gaulois étaient révoltés et attaquaient à l'heure même les divers quartiers d'hiver des Romains; que dans deux jours les Allemands arriveraient en grand nombre, qu'il n'avait donc pas un instant à perdre pour se retirer. Sabinus y ajouta foi, leva son camp à la pointe du jour; bientôt il fut enveloppé par les Barbares: ses quinze cohortes furent entièrement égorgées, rien n'en échappa: au dernier moment les soldats Romains se tuèrent entre eux pour n'être pas victimes des cruautés de leurs ennemis.

III.

Après ce coup de main, Ambiorix se rendit à Namur avec son armée, de là chez les peuples du Hainaut, soulevant les Gaulois sur son passage. Partout on prit les armes: bientôt il eut une armée que grossirent les soldats de Courtrai, de Bruges, de Louvain, de Tournai, de Gand; il attaqua alors le camp de Cicéron; quelques soldats qui étaient hors du camp pour faire des fascines et du bois furent massacrés, les autres coururent aux armes, repoussèrent l'assaut des Barbares. Cicéron employa toute la nuit à construire 120 tours avec le bois qu'il avait dans le camp; les ennemis donnèrent un nouvel assaut le lendemain, comblèrent le fossé, mais ils furent encore repoussés; ce qui se renouvela pendant sept jours. Alors les Gaulois formèrent une contrevallation, élevant un rempart de onze pieds de haut, et creusèrent un fossé de quinze pieds de profondeur. Ils n'avaient point d'outils; ils coupaient les gazons avec leurs épées, portaient la terre dans leurs mains ou avec leurs habits; ces lignes, qui avaient cinq lieues de tour, furent achevées en trois heures : les jours suivans ils élevèrent des tours, préparèrent des faulx, des tortues, imitant en tout l'art des Romains. Un grand vent s'étant élevé, ils lancèrent dans le camp des pots à feu, des javelots avec des matières incendiaires; ils réussirent à mettre le feu au camp. Ils profitèrent de ce moment pour donner un nouvel assaut, mais sans succès; ils approchèrent alors une tour des remparts, mais Cicéron la leur brûla. Enfin un esclave Gaulois parvint jusqu'à César avec une lettre; celui-ci était alors à Reims; il réunit deux légions et vola au secours de son lieutenant. Un cavalier gaulois attacha une lettre de César à son javelot, et la lança dans le camp de Cicéron ; le javelot s'attacha à une tour, y demeura deux jours, et le troisième seulement il fut découvert. Aussitôt que les assiégeans furent instruits de la marche des Romains, ils levèrent le siége et au nombre de 60,000 marchèrent à leur rencontre. César n'ayant que 8000 hommes, jugea prudent de se camper, de se retrancher et de se tenir renfermé dans son camp. Les Barbares s'enhardirent, insultèrent les Romains, qui alors sortirent par toutes les portes, tombèrent sur eux et les mirent en déroute, et le même jour il rejoignit Cicéron. A la revue de la légion, les neuf dixièmes se trouvèrent blessés. De là César se porta à Amiens pour y passer son quartier d'hiver. Toutes les Gaules étaient en fermentation. Les habitans de Sens, mécontens d'un roi que leur avait donné César, voulurent le faire mourir et déclinèrent la juridiction de César. Les peuples d'Autun et de Reims seuls restèrent fidèles.

IV.

Induciomare de Trèves sollicitait les peuples d'Allemagne de passer le Rhin; il leur disait que les meilleures troupes de l'armée romaine étaient détruites; qu'il fallait qu'ils vinssent soutenir les Gaulois. Assuré des peuples de Namur, du Hainaut, de Chartres, de Liége, il se mit en campagne et assaillit la légion de Labienus, qui campait dans une position avantageuse. Labienus se laissa insulter plusieurs jours par les Barbares; mais, lorsqu'il eut reçu la cavalerie que lui envoyaient les alliés fidèles, il fit une sortie, défit les ennemis, tua Induciomare, ce qui remit un peu de tranquillité dans les Gaules.

V.

Observations.

1. La seconde expédition de César en Angleterre n'a pas eu une issue plus heureuse que la première, puisqu'il n'y a laissé aucune garnison ni aucun établissement, et que les Romains n'en ont pas été plus maîtres après qu'avant.

2. Le massacre des légions de Sabinus est le premier échec considérable que César ait reçu en Gaule.

3. Cicéron a défendu pendant plus d'un mois avec 5000 hommes, contre une armée dix fois plus forte, un camp retranché qu'il occupait depuis quinze jours: serait-il possible aujourd'hui d'obtenir un pareil résultat?

Les bras de nos soldats ont autant de force et de vigueur que ceux des anciens Romains; nos outils de pionniers sont les mêmes; nous avons un agent de plus, la poudre. Nous pouvons donc élever des remparts, creuser des fossés, couper des bois, bâtir des tours en aussi peu de temps et aussi bien qu'eux, mais les armes offensives des modernes ont une toute autre puissance, et agissent d'une manière toute différente que les armes offensives des anciens.

Les Romains doivent la constance de leurs succès à la méthode dont ils ne se sont jamais départis, de se camper tous les soirs dans un camp fortifié, de ne jamais donner bataille sans avoir derrière eux un camp retranché pour leur servir de retraite et renfermer leurs magasins, leurs bagages et leurs blessés. La nature des armes dans ces siècles était telle, que dans ces camps ils étaient non-seulement à l'abri des insultes d'une armée égale, mais même d'une armée supérieure; ils étaient les maîtres de combattre ou d'attendre une occasion favorable. Marius est assailli par une nuée de Cimbres et de Teutons; il s'enferme dans son camp, y demeure jusqu'au jour où l'occasion se présente favorable; il sort alors précédé par la victoire. César arrive près du camp de Cicéron; les Gaulois abandonnent celui-ci et marchent à la rencontre du premier: ils sont quatre fois plus nombreux. César prend position en peu d'heures, retranche son camp, y essuie patiemment les insultes et les provocations d'un ennemi qu'il ne veut pas combattre encore : mais l'occasion ne tarde pas à se présenter belle ; il sort alors par toutes les portes : les Gaulois sont vaincus.

Pourquoi donc une règle si sage, si féconde en grands résultats, a-t-elle été abandonnée par les généraux modernes ? Parce que les armes offensives ont changé de nature : les armes de main étaient les armes principales des anciens ; c'est avec sa courte épée que le légionnaire a vaincu le monde ; c'est avec la pique macédonienne qu'Alexandre a conquis l'Asie. L'arme principale des armées modernes est l'arme de jet, le fusil, cette arme supérieure à tout ce que les hommes ont jamais inventé : aucune arme défensive ne peut en parer l'effet ; les boucliers, les cottes de mailles, les cuirasses, reconnus impuissans, ont été abandonnés. Avec cette redoutable machine, un soldat peut, en un quart-d'heure, blesser ou tuer soixante hommes ; il ne manque jamais de cartouches, parce qu'elles ne pèsent que six gros ; la balle atteint à cinq cents toises ; elle est dangereuse à cent vingt toises, très-meurtrière à quatre-vingt-dix toises.

De ce que l'arme principale des anciens était l'épée ou la pique, leur formation habituelle a été l'ordre profond. La légion et la phalange, dans quelque situation qu'elles fussent attaquées, soit de front, soit par le flanc droit ou par le flanc gauche, faisaient face partout sans aucun désavantage : elles ont pu camper sur des surfaces de peu d'étendue, afin d'avoir moins de peine à en fortifier les pourtours et pouvoir se garder avec le plus petit détachement. Une armée consulaire renforcée par des troupes légères et des auxiliaires, forte de 24,000 hommes d'infanterie, de 1800 chevaux, en tout près de 30,000 hommes, campait dans un carré de 330 toises de côté, ayant 1344 toises de pourtour ou vingt-un hommes par toise; chaque homme portant trois pieux, ou soixante-trois pieux par toise courante. La surface du camp était de 11,000 toises carrées; trois toises et demie par homme, en ne comptant que les deux tiers des hommes, parce qu'au travail cela donnait quatorze travailleurs par toise courante: en travaillant chacun trente minutes au plus, ils fortifiaient leur camp et le mettaient hors d'insulte.

De ce que l'arme principale des modernes est l'arme de jet, leur ordre habituel a dû être l'ordre mince, qui seul leur permet de mettre en jeu toutes leurs machines de jet. Ces armes atteignant à des distances très-grandes, les modernes tirent leur principal avantage de la position qu'ils occupent: s'ils dominent, s'ils enfilent, s'ils prolongent l'armée ennemie, elles font d'autant plus d'effet. Une armée moderne doit donc éviter d'être débordée, enveloppée, cernée ; elle doit occuper un camp ayant un front aussi étendu que sa ligne de bataille elle-même : que si elle occupait une surface carrée et un front insuffisant à son déploiement, elle serait cernée par une armée de force égale, et exposée à tout le feu de ses machines de jet, qui convergeraient sur elle et atteindraient sur tous les points du camp, sans qu'elle pût répondre à un feu si redoutable qu'avec une petite partie du sien. Dans cette position, elle serait insultée, malgré ses retranchemens, par une armée égale en force, même par une armée inférieure. Le camp moderne ne peut être défendu que par l'armée elle-même, et, en l'absence de celle-ci, il ne saurait être gardé par un simple détachement.

L'armée de Miltiade à Marathon, ni celle d'Alexandre à Arbelles, ni celle de César à Pharsale, ne pourraient maintenir leur champ de bataille contre une armée moderne d'égale force ; celle-ci ayant un ordre de bataille étendu, déborderait les deux ailes de l'armée grecque ou romaine ; ses fusiliers porteraient à la fois la mort sur son front et sur les deux flancs ; car les armés à la légère, sentant l'insuffisance de leurs flèches et de leurs frondes, abandonneraient la partie pour se réfugier derrière les pesamment armés, qui alors, l'épée ou la pique à la main, s'avanceraient au pas de charge, pour se prendre corps à corps avec les fusiliers : mais, arrivés à cent vingt toises, ils seraient accueillis par trois côtés par un feu de ligne qui porterait le désordre et affaiblirait tellement ces braves et intrépides légionnaires, qu'ils ne soutiendraient pas la charge de quelques bataillons en colonne serrée qui marcheraient alors à eux la baïonnette au bout du fusil. Si, sur le champ de bataille, il se trouve un bois, une montagne, comment la légion ou la phalange pourra-t-elle résister à cette nuée de fusiliers qui s'y seront placés? Dans les plaines rases même, il y a des villages, des maisons, des fermes, des cimetières, des murs, des fossés, des haies; et s'il n'y en a pas, il ne faudra pas un grand effort de génie pour créer des obstacles et arrêter la légion ou la phalange sous le feu meurtrier, qui ne tarde point à la détruire. On n'a point fait mention des soixante ou quatre-vingts bouches à feu qui composent l'artillerie de l'armée moderne, qui prolongeront les légions ou phalanges de la droite à la gauche, de la gauche à la droite, du front à la queue, vomiront la mort à cinq cents toises de distance. Les soldats d'Alexandre, de César, les héros de la liberté d'Athènes et de Rome fuiront en désordre, abandonnant leur champ de bataille à ces demi-dieux armés de la foudre de Jupiter. Si les Romains furent presque constamment battus par les Parthes, c'est que les Parthes étaient tous armés d'une arme de jet, supérieure à celle des armés à la légère de l'armée romaine, de sorte que les boucliers des légions ne la pouvaient parer. Les légionnaires, armés de leur courte épée, succombaient sous une grêle de traits, à laquelle il ne pouvaient rien opposer, puisqu'ils n'étaient armés que de javelots (ou *pilum*). Aussi, depuis ces expériences funestes, les Romains donnèrent cinq javelots (ou *hastes*), traits de trois pieds de long, à chaque légionnaire, qui les plaçait dans le creux de son bouclier.

Une armée consulaire renfermée dans son camp, attaquée par une armée moderne d'égale force, en serait chassée sans assaut et sans en venir à l'arme blanche; il ne serait pas nécessaire de combler ses fossés, d'escalader ses remparts : environnée de tous côtés par l'armée assaillante, prolongée, enveloppée, enfilée par les feux, le camp serait l'égout de tous les coups, de toutes les balles, de tous les boulets : l'incendie, la dévastation et la mort ouvriraient les portes et feraient tomber les retranchemens. Une armée moderne, placée dans un camp romain, pourrait d'abord, sans doute, faire jouer toute son artillerie; mais, quoique égale à l'artillerie de l'assiégeant, elle serait prise en rouage et promptement réduite au silence; une partie seule de l'infanterie pourrait se servir de ses fusils; mais elle tirerait sur une ligne moins étendue, et serait bien loin de produire un effet équivalent au mal qu'elle recevrait. Le feu du centre à la circonférence est nul; celui de la circonférence au centre est irrésistible.

Une armée moderne, de force égale à une armée consulaire, aurait 26 bataillons de 840 hommes, formant 22,840 hommes d'infanterie, 42 escadrons de cavalerie, formant 5040 hommes; 90 pièces d'artillerie servies par 2500 hommes. L'ordre de bataille moderne étant plus étendu, exige une plus grande quantité de cavalerie pour appuyer les ailes, éclairer le front. Cette armée en bataille, rangée sur trois lignes, dont la première serait égale aux deux autres réunies, occuperait un front de 1500 toises, sur 500 toises de profondeur; le camp aurait un pourtour de 4500 toises, c'est-à-dire triple de l'armée consulaire; elle n'aurait que sept hommes par toise d'enceinte, mais elle aurait vingt-cinq toises carrées par homme: l'armée tout entière serait nécessaire pour le garder. Une étendue aussi considérable se trouvera difficilement sans qu'elle soit dominée à portée de canon par une hauteur: la réunion de la plus grande partie de l'artillerie de l'armée assiégeante sur ce point d'attaque détruirait promptement les ouvrages de campagne qui forment le camp. Toutes ces considérations ont décidé les généraux modernes à renoncer au système des camps retranchés, pour y suppléer par celui des *positions naturelles* bien choisies.

Un camp romain était placé indépendamment des localités: toutes étaient bonnes pour des armées dont toute la force consistait dans les armes blanches; il ne fallait ni coup d'œil ni génie militaire pour bien camper; au lieu que le choix des positions, la manière de les occuper et de placer les différentes armes, en profitant des circonstances du terrain, est un art qui fait une partie du génie du capitaine moderne.

La tactique des armées modernes est fondée sur deux principes: 1° qu'elles doivent occuper un front qui leur permette de mettre en action avec avantage toutes les armes de jet; 2° qu'elles doivent préférer, avant tout, l'avantage d'occuper des positions qui dominent, prolongent, enfilent les lignes ennemies, à l'avantage d'être couvert par un fossé, un parapet, ou toute autre pièce de la fortification de campagne.

La nature des armes décide de la composition des armées, des places de campagne, des marches, des positions, du campement, des ordres de bataille, du tracé et des profils des places fortes; ce qui met une opposition constante entre le système de guerre des anciens et celui des modernes. Les armes anciennes voulaient l'ordre profond; les modernes l'ordre mince; les unes, des places fortes saillantes ayant des tours et des murailles élevées; les autres, des places rasantes, couvertes par des glacis de terre, qui masquent la maçonnerie; les premières, des camps resserrés, où les hommes, les animaux et les magasins étaient réunis comme dans une ville; les autres, des positions étendues.

Si on disait aujourd'hui à un général : Vous aurez comme Cicéron, sous vos ordres, 5000 hommes, 16 pièces de canon, 5000 outils de pionniers, 5000 sacs à terre; vous serez à portée d'une forêt, dans un terrain ordinaire; dans quinze jours vous serez attaqué par une armée de 60,000 hommes, ayant 120 pièces de canon, vous ne serez secouru que quatre-vingts ou quatre-vingt-seize heures après avoir été attaqué; quels sont les ouvrages, quels sont les tracés, quels sont les profils que l'art lui prescrit? l'art de l'ingénieur a-t-il des secrets qui puissent satisfaire à ce problème?

CHAPITRE SIXIÈME.

Guerre des Gaules. Sixième campagne, l'an 53 avant Jésus-Christ.

I. Guerre contre Sens, Chartres, Trèves et Liége. — II. Second passage du Rhin. — III. César poursuit vainement Ambiorix. — IV. Observation.

I.

César leva deux nouvelles légions en Italie; Pompée lui en donna une, ce qui répara ses pertes, et même accrut son armée, qui se trouva forte de dix légions.

La mort d'Induciomare n'avait pas mis fin à son parti, il dominait dans Trèves: ces peuples, ligués avec les peuples du Hainaut, de Namur, de la Gueldre, de Sens, de Chartres, et assurés de plusieurs peuples allemands qui devaient passer le Rhin, s'insurgèrent; mais, sans attendre la fin de l'hiver, César se porta avec quatre légions dans le Hainaut; il obligea les habitans à lui donner des ôtages, convoqua les États des Gaules à Paris au lieu de Sens : les confédérés n'y parurent pas. Il marcha contre les peuples de Sens, et après contre ceux de Chartres ; les uns et les autres implorèrent sa clémence et lui remirent des ôtages. Il entra en Gueldre et dans le pays de Trèves avec six légions qu'il partagea en trois corps, ravagea et brûla tout le pays. Les peuples se soumirent. Labienus étant dans le pays de Trèves avec trois légions, feignit d'être épouvanté, leva son camp, se laissa poursuivre avec vivacité par les habitans; mais fit volte-face dans une position avantageuse, les mit dans une déroute totale. Tout le pays de Trèves fut remis à Cingetorix, partisan des Romains. Les Allemands qui avaient déjà passé le Rhin se retirèrent chez eux, au bruit de la défaite de leurs alliés des Gaules.

II.

César les suivit, jeta un pont sur le Rhin près de Cologne, un peu au-dessus du lieu où il l'avait jeté

précédemment. Les Suèves, à son approche, se retirèrent au milieu des marais et des forêts au-delà des montagnes de la Thuringe; les Romains n'eurent garde de s'enfoncer dans des contrées aussi reculées; après quelques jours ils repassèrent sur la rive gauche. Ils établirent une tour à quatre étages, mais sur la rive gauche, avec douze cohortes de garnison, pour en imposer à ces Barbares. Ils coupèrent trente toises du pont sur la rive droite, tant ils redoutaient le courage de ces peuples. Il paraît que dans ce siècle une transmigration de peuples eut lieu des grands déserts en Allemagne. César dit: « Jadis les Gaulois
« étaient plus braves que les Allemands, et avaient
« l'habitude de passer le Rhin pour établir des colo-
« nies sur la rive droite; mais, depuis qu'ils se sont
« amollis, les Allemands sont tellement plus braves,
« qu'on ne peut plus établir de comparaison. Les
« Allemands n'ont ni druides ni sacrifices humains:
« leurs dieux sont le soleil et la lune; ils passent leur
« vie à la chasse ou à la guerre; ils estiment les hommes
« qui n'ont de la barbe que fort tard; ils ne vivent avec
« les femmes qu'après l'âge de vingt ans; ils n'ont pas
« de terres fixes: c'est un honneur pour eux d'être
« environnés de déserts, ce qu'ils regardent comme un
« témoignage de leur valeur. Chaque armée, chaque
« peuple élit son chef. Le droit de l'hospitalité est

« sacré chez eux. La forêt Noire a neuf marches de
« longueur; elle s'étend de Spire à la frontière de la
« Suisse; il y a des Allemands qui disent avoir marché
« soixante jours sans pouvoir découvrir où elle finit;
« elle nourrit des bêtes qu'on ne voit pas ailleurs. » Il
dit aussi : « Il n'y a que deux sortes de personnes dans
« les Gaules qui y aient de la considération, les druides
« et les nobles. Le peuple est comme esclave; il n'entre
« jamais au conseil; il est accablé d'impôts et opprimé
« par les grands. Les druides font les sacrifices, élèvent
« la jeunesse, jugent au civil et au criminel; ils ex-
« cluent de la participation à leurs sacrifices (c'était
« une espèce d'excommunication fort redoutée). Ils
« n'ont qu'un chef qui est élu par une assemblée tenue
« dans le pays chartrain. Les druides ne vont pas à
« la guerre, ne paient pas d'impôts, sont exemptés
« de toutes charges : ils font apprendre par cœur une
« grande quantité de vers qu'ils ne permettent pas
« qu'on écrive; ils croient à l'immortalité de l'âme et
« à la métempsycose. Les Gaulois sont superstitieux.
« Les druides font des sacrifices humains pour apai-
« ser les dieux; ils préfèrent les voleurs, mais, à leur
« défaut, tout leur est bon; ils adorent Jupiter, Apol-
« lon, Mercure, Mars, Minerve; les enfans ne parais-
« sent jamais devant leur père avant qu'ils n'aient
« porté les armes; la considération des nobles s'éta-

« blit par le nombre d'hommes armés qu'ils ont à
« leur suite; ils sont tous militaires. »

III.

Après avoir repassé le Rhin, César traversa la forêt des Ardennes à la poursuite d'Ambiorix; mais celui-ci lui échappa. Cativuleus, le collègue d'Ambiorix, qui avait tant contribué aux désastres de Sabinus, étant d'un âge fort avancé, s'empoisonna avec de l'if, ne voulant ni tomber entre les mains des Romains, ni s'exposer aux fatigues d'une vie errante. César réunit tous ses bagages dans le château de Tongres, dans le lieu même où avait eu lieu, l'année précédente, la catastrophe de Sabinus; les restes de son camp existaient encore. Il y laissa la 14e légion et 600 chevaux sous les ordres de Cicéron; il envoya trois légions dans le pays de Namur, trois dans le Brabant, et se mit avec le reste à la poursuite d'Ambiorix, qui s'était réfugié à l'extrémité de la forêt des Ardennes. Cependant, voulant assouvir sa vengeance sur les peuples de Liége, il invita tous les peuples voisins à en venir piller le territoire; plusieurs milliers d'Allemands accoururent attirés par l'appât du pillage; mais ayant appris, comme ils s'en retournaient chez eux, que

Cicéron gardait les trésors de l'armée avec une seule légion, ils marchèrent à son camp pour l'attaquer. Ils y arrivèrent au moment où cinq cohortes étaient au fourrage, à trois milles du camp: elles furent coupées; la moitié seulement put se faire jour et y rentrer; le reste fut tué. Le camp de Cicéron était exposé, et il eût été forcé, si la cavalerie de César ne fût arrivée le lendemain, de retour de la poursuite d'Ambiorix. Les Allemands repassèrent le Rhin. Quelques efforts que fît encore César pendant plusieurs mois et à quelque extrémité qu'il se portât contre ces peuples, sa haine fut impuissante, et Ambiorix échappa à ses recherches. Enfin, après avoir mis son armée en quartiers d'hiver à Trèves, à Langres et à Sens, il quitta les Gaules et se rendit en Lombardie.

IV.

Observation.

Le second passage du Rhin qu'effectua César n'a pas eu plus de résultat que le premier; il ne laissa aucune trace en Allemagne; il n'osa pas même établir une forteresse en forme de tête de pont. Tout ce qu'il raconte de ces pays, les idées obscures qu'il en a, font connaître à quel degré de barbarie était encore alors réduite cette partie du monde aujourd'hui si civilisée. Il n'a également sur l'Angleterre que des notions fort obscures.

CHAPITRE SEPTIÈME.

Guerre des Gaules. Septième campagne, l'an 52 avant Jésus-Christ.

I. Révolte générale des Gaules. — II. Siége de Bourges. — III. Siége de Clermont. — IV. Soulèvement d'Autun. — V. Siége d'Alise. Vercingetorix est fait prisonnier. — VI. Observations.

I.

Les Romains ne dissimulaient plus leur projet de réduire les Gaules en provinces; ils avaient dans chaque ville un parti qu'ils cherchaient par tous les moyens à rendre dominant; les Gaulois frémissaient à la vue des dangers que courait leur liberté. Dans les années précédentes, César s'était aperçu de leur extrême fermentation; il avait pris un grand nombre d'ôtages, moyen peu efficace: le besoin de service attirait toujours beaucoup d'officiers des légions romaines dans les villes, lesquels, au moment de l'insurrection, répondaient des ôtages. Au commencement de l'an 52, l'insurrection éclata de tout côté; les Chartrains donnèrent le signal; ils entrèrent dans Orléans, massacrèrent les chevaliers romains, entre autres l'intendant des vivres de l'armée, qui s'était rendu coupable d'exaction. Les Auvergnats l'apprirent le même jour par les cris des hommes placés de distance en distance sur la route. Vercingetorix, jeune seigneur de Clermont, se montra à la tête des insurgés. Il fut d'abord chassé de la ville comme un jeune insensé qui compromettait le salut de tous; mais bientôt après il se créa une armée, rentra de vive force dans Clermont, et fut proclamé Roi. Les peuples de Paris, de l'Anjou, de la Touraine, se rangèrent sous ses drapeaux; il passa alors la Loire, insurgea le Berri: il y était secrètement appelé par les habitans, qui firent semblant de demander des secours aux Autunois, leurs alliés; ceux-ci envoyèrent un corps de cavalerie; mais l'officier qui les commandait, arrivé sur les bords de la Loire, instruit des sentimens secrets des habitans, rétrograda. César accourut en toute hâte de la Cisalpine; il se rendit d'abord à Narbonne: c'était au cœur de l'hiver; il traversa les Cévennes et le Vivarais, entra dans l'Auvergne. Vercingetorix accourut à la défense de sa patrie; mais déjà César s'était rendu à Vienne et à Langres, où étaient ses légions; il se mit à leur tête, entra dans le Bourbonnais, se présenta devant Orléans, passa la Loire, cerna la ville, la prit, la brûla, en égorgea les habitans, entra dans le Berri, assiégea et prit Neuvy, et mit le siége devant Bourges, la capitale.

II.

La saison était peu avancée, le temps était humide; Bourges était environné de marais. Vercingetorix, désespérant de résister de vive force, fit mettre le feu à toutes les villes et villages, métairies et moissons de la province, afin d'affamer l'armée romaine. Dans un seul jour douze villes furent la proie des flammes. Cependant les habitans de Bourges, ville riche, grande et populeuse, se refusèrent à incendier leur ville, mais ils se chargèrent de la défendre. César l'investit, couvrit son camp d'une double ligne de circonvallation et de contrevallation dans la partie de la ville non couverte par les marais, et commença les opérations du siége. Vercingetorix, avec une armée nombreuse, se campa à cinq lieues, inquiétant tous ses convois et sa circonvallation. Les Romains élevèrent en vingt-cinq jours une terrasse de 320 toises de base, sur quatre-vingts de haut, qui dominait les murailles de la ville; Vercingetorix y jeta par les marais un renfort de 10,000 hommes, et s'avança avec sa cavalerie pour seconder la sortie des assiégés. César crut l'occasion favorable pour forcer le camp des Gaulois; il s'y porta. Les soldats demandèrent le signal de l'attaque; mais il était trop bien fortifié par la nature et par l'art; il retourna dans ses lignes sans avoir rien fait. Cependant les assiégés, secondés par Vercingetorix, firent une sortie; ils se battirent avec fureur, mais furent repoussés: peu après César donna l'assaut, entra dans la place, brûla, pilla et égorgea 40,000 hommes; 800 seulement se sauvèrent. Ce succès paraissait devoir entraîner la perte du parti gaulois; il en fut autrement, il exalta les esprits: la partie était trop bien liée. Le chef des Aginois, allié du peuple Romain, les abandonna, rejoignit lui-même avec un corps considérable le camp Gaulois. Vercingetorix fut accusé, dans le conseil de la nation, de trahison: il se défendit avec succès; il répondit qu'il avait été d'avis de brûler Bourges, parce qu'il était convaincu de l'impossibilité de résister à l'art qu'avaient les Romains de faire les siéges. Il sortit de cette accusation plus puissant et plus accrédité que jamais. L'armée romaine avait souffert, pendant le siége de Bourges, de la disette; elle avait été privée de pain, et obligée de se nourrir de viande; mais elle trouva dans Bourges des magasins considérables: le printemps commençait, le retour de la bonne saison favorisa la chasse que César donna aux naturels qui étaient réfugiés au milieu de leurs marais et de leurs bois.

III.

Après le siége de Bourges, César envoya Labienus avec quatre légions sur la Seine, et se porta à la tête des six autres en Auvergne, passa l'Allier en présence de Vercingetorix, campa devant Clermont: l'armée gauloise l'avait prévenu et occupait les hauteurs. Cependant l'armée des Autunois, sous Lituvicus, s'était déclarée contre les Romains, et marchait au secours de Clermont. César alla avec quatre légions à sa rencontre, la trouva à huit lieues de son camp, eut recours aux négociations et parvint à décider cette armée à s'en retourner à Autun. Lituvicus et ses principaux officiers se jetèrent dans Clermont. Cependant les Autunois, sitôt qu'ils avaient appris l'insurrection de Lituvicus, avaient fait main-basse sur tous les Romains qui se trouvaient dans leur territoire, et s'étaient emparés de tous les magasins des négocians romains; mais ils se soumirent lorsqu'ils apprirent ce qui était arrivé à Lituvicus, et s'excusèrent de leur mieux. Sur ces entrefaites une attaque des Romains sur Clermont manqua; les troupes s'engagèrent plus que leur général ne le voulait; elles éprouvèrent une perte sensible; ce qui décida César à lever le siége.

IV.

A cette nouvelle les Autunois prirent leur parti: « Il est honteux pour nous, disaient-ils, de ne pas « faire cause commune avec le reste des Gaulois, qui « combattent pour leur liberté. » Nevers était une de leurs villes où étaient les ôtages de la Gaule, ses magasins, ses trésors, ses bagages et les remontes de l'armée romaine; ils s'emparèrent de tout, transportèrent les ôtages à Autun, où Lituvicus entra en triomphe. Le sénat conclut un traité avec Vercingetorix. Tous les marchands romains furent arrêtés: les Autunois brûlèrent toutes celles de leurs villes qu'ils ne crurent pas pouvoir garder, entre autres Nevers.

Il ne restait que deux partis à César, payer d'audace ou retourner dans la province romaine : le deuxième parti eût tout perdu; mais le premier était fort hasardeux. Après plusieurs jours de marches forcées, il passa la Loire à gué et se dirigea sur Sens. Labienus avait marché sur Paris; les Parisiens avaient levé une armée sous le commandement de Camulogenus, Gaulois du Maine, qui, quoique fort âgé, avait une grande réputation militaire. Il s'était campé derrière le marais qui couvrait Paris. Labienus voulut traverser le marais, mais il y trouva tant de difficultés qu'il y renonça; il décampa et se porta à Melun: cette ville est située dans une île de la Seine; il y trouva cinquante bateaux; il fit passer la rivière à ses troupes et retourna sur Paris, en suivant la rive droite; alors les Gaulois mirent le feu à Paris, rompirent les ponts et campèrent sur l'autre rive, vis-à-vis Labienus. Ils savaient que César avait échoué à Clermont, que les Autunois s'étaient insurgés, que la cause sainte de la Gaule triomphait enfin. Labienus songea alors à se joindre à César; il fit descendre les cinquante bateaux dont il s'était emparé à une lieue sous Paris, près d'Auteuil, passa la Seine et se campa sur la hauteur de Vaugirard. Cependant l'armée parisienne descendit la rive gauche, et se trouva en présence de l'armée romaine; on en vint aux mains: la 7e légion enfonça une aile des Parisiens. Camulogenus fit tout ce qu'il fallait pour donner la victoire à son parti, mais il ne put résister à l'impétuosité romaine : il fut glorieusement tué. Cette victoire ouvrit à Labienus le chemin de Sens, où il joignit César.

Les Autunois, fiers de leur puissance, prétendaient avoir la direction de la guerre et le commandement supérieur, mais le conseil général des Gaulois fut contraire à leur désir : le commandement fut confirmé à Vercingetorix, qui leva 15,000 hommes de cavalerie et réitéra l'ordre pour tout brûler, afin d'affamer les Romains. Il envoya 10,000 hommes et 800 chevaux pour attaquer la Savoie et le Dauphiné, pays annexé à la province romaine; une armée composée d'Auvergnats et de Languedociens, pour ravager les frontières de la province romaine, du côté du Languedoc : vingt-deux cohortes romaines les défendaient. Dans ce temps César reçut un renfort de cavalerie allemande, peu nombreux, mais composé d'intrépides soldats. Il se porta sur la frontière du pays de Langres, pour se trouver à portée de la province romaine, attaquée de tout côté. Vercingetorix le suivit avec une armée nombreuse, et attaqua César en marche; mais quoique celui-ci n'eût eu que le temps de placer les bagages entre les légions et de se ranger en bataille, Vercingetorix fut battu et obligé de rentrer dans son camp; craignant d'y être forcé, il se retira à Alise, place forte située en Bourgogne, dans l'Auxois, près de Mont-Bard, lieu devenu célèbre : c'est là que s'est décidée la destinée des Gaules.

V.

César le suivit, investit la ville et l'armée gauloise par une circonvallation de 11,000 toises. Alise est située sur un mamelon escarpé; il y avait au pied une plaine d'une lieue et demie de longueur; tous les environs étaient coupés par des collines. La contrevallation des Romains fut fortifiée par vingt-trois forts; divers combats de cavalerie eurent lieu pendant le travail des lignes, qui furent presque tous au détriment des Gaulois. Lorsque Vercingetorix s'aperçut que les lignes étaient sur le point d'être achevées, il congédia sa cavalerie, qu'il ne pouvait plus nourrir, ordonna à chaque homme de retourner dans son pays pour engager ses compatriotes à prendre les armes pour venir sauver Alise et leur général; il entra ensuite dans la ville avec son infanterie, forte de 80,000 hommes. César ayant achevé la contrevallation, fit travailler sur-le-champ aux lignes de circonvallation.

Il fit creuser trois fossés, un à fond de cuve, de vingt pieds de large et d'autant de profondeur; les deux autres de quinze pieds sur quinze pieds, et fit remplir le fossé intérieur, qui était au pied des hauteurs, par les eaux de la rivière; il fit élever un rempart de douze pieds, garni d'un parapet à créneaux, ayant au pied une fraise formée de troncs d'arbres fourchus, flanquée par des tours placées à quatre-vingts pieds l'une de l'autre. Il continua pendant toute la durée du siége de travailler à ces lignes, et y entassa toutes espèces d'ouvrages, des trous de loup, des abattis de bois, etc., auxquels les soldats de son armée donnèrent des noms divers. Il paraîtrait donc que ces ouvrages étaient nouveaux pour eux. La ligne de circonvallation avait cinq lieues d'étendue.

Cependant le conseil des Gaulois avait décrété la levée d'une armée de 200,000 hommes pour secourir Alise. Les Autunois fournirent 35,000 hommes; le marquisat de Suze faisait partie du domaine de cette nation; le Gevaudan et le Velai, dépendant de l'Auvergne, fournirent également 35,000 hommes; les peuples de Franche-Comté, de la Saintonge, le Rouergue, Chartres, fournirent 12,000 hommes; le Beauvoisis, 10,000; Paris et Soissons, 8000 hommes chaque, etc. Les Beauvoisins seuls refusèrent leur contingent, parce que, disaient-ils, ils faisaient eux seuls la guerre aux Romains. Comius d'Arras fut nommé au commandement en chef de cette grande armée; il avait été un des favoris de César, mais il avait cédé à l'esprit gaulois : les mêmes sentimens avaient prévalu chez les autres amis de César : les Rémois seuls lui restèrent fidèles.

Le temps désigné pour secourir la ville était écoulé; les vivres commençaient à devenir rares; le découragement était extrême dans Alise; un parti voulut se rendre; un autre, percer par une vigoureuse sortie, avant que la famine ne les eût affaiblis; ce fut alors que Critognac, homme considéré et brave, prit la parole:
« Se rendre, c'est aller au devant de l'esclavage; cher« cher à se faire jour au travers de l'armée romaine, « c'est préférer la mort aux souffrances : c'est encore « une lâcheté; car nous perdrons la vie, mais nous « aurons abandonné la cause des Gaules: la grande « armée ne peut pas tarder à s'approcher; elle n'aura « plus de chances de victoire si elle nous trouve morts.
« Nous n'avons pas de nouvelles de notre armée. Mais « César ne vous en donne-t-il pas tous les jours? S'il « ne la sentait pas approcher, entasserait-il ouvrages « sur ouvrages à sa ligne de circonvallation? Que firent « nos ancêtres lors de l'incursion des Cimbres et des « Teutons? ils firent mourir tous ceux que leur âge « n'appelait pas à la guerre; ils se nourrirent de leurs

« cadavres. Voilà l'exemple qu'il nous faut imiter. »
Les vieillards, les femmes, les enfans furent renvoyés
de la ville; les assiégeans les repoussèrent. Peu de
jours après, Comius parut enfin sur les hauteurs, à
cinq cents pas du camp romain; sa cavalerie inonda
la plaine. Mille cris de joie que poussèrent les assiégés
retentirent jusqu'au ciel. Ils sortirent de leurs murs,
comblèrent avec des fascines et des claies les fossés
et les trous, attaquèrent vivement la contrevallation.
Cependant la cavalerie gauloise fut défaite après un
combat des plus opiniâtres : cette victoire fut due
au courage de la cavalerie allemande. La consternation succéda dans la ville aux premiers élans de joie.
Le lendemain, l'infanterie gauloise attaqua la ligne
de circonvallation. Vercingetorix, à ce signal, sortit
de la ville; mais tous les efforts combinés furent inutiles : la force des lignes de César, le grand nombre
de ses tours et de ses machines, la discipline et l'intrépidité romaine l'emportèrent. Vercingetorix avait
déjà comblé les fossés de la ligne de contrevallation;
mais il y perdait trop de temps, et à peine avait-il
achevé qu'il s'aperçut que l'armée était repoussée.
Quelques jours après, les Gaulois attaquèrent avec
50,000 hommes la montée du nord, où la circonvallation était dominée. Ce combat fut opiniâtre;
les assiégés sortirent pour seconder cette attaque :

le combat fut général sur la double ligne, mais le nombre, la fureur, l'intrépidité, tout fut inutile; les Romains, avec leur courte épée, l'emportèrent sur tant d'efforts : les dieux combattirent pour eux. Soixante-quatorze drapeaux furent les trophées de César. La plus grande partie de l'armée de secours fut détruite; les débris levèrent la nuit leur camp et se sauvèrent en toute hâte. Vercingetorix capitula; il implora la clémence du vainqueur : il ne reçut que des fers. Ainsi finit cet intrépide et généreux défenseur des Gaules. César fit 80,000 prisonniers; il donna un Gaulois à chacun de ses soldats; mais, voulant gagner les Autunois et les Auvergnats, il leur rendit 20,000 prisonniers. Il mit son armée en quartier d'hiver : Labienus avec deux légions en Franche-Comté, deux légions en Nivernois, deux en Berri, deux en Rouergue, une à Châlon-sur-Saône, une à Mâcon, et de sa personne se rendit à Autun. Le sénat romain ordonna vingt jours de prières publiques. La liberté des Gaules périt avec Vercingetorix: cette vaste contrée fut réduite en province romaine.

VI.

Observations.

1. Dans cette campagne, César a donné plusieurs batailles et fait trois grands siéges, dont deux lui ont réussi; c'est la première fois qu'il a eu à combattre les Gaulois réunis. Leur résolution, le talent de leur général Vercingetorix, la force de leur armée, tout rend cette campagne glorieuse pour les Romains. Ils avaient dix légions, ce qui, avec la cavalerie, les auxiliaires, les Allemands, les troupes légères, devait faire une armée de 80,000 hommes. La conduite des habitans de Bourges, celle de l'armée de secours, la conduite des Clermontais, celle des habitans d'Alise, font connaître à la fois la résolution, le courage des Gaulois et leur impuissance par le manque d'ordre, de discipline et de conduite militaire.

2. Mais est-il vrai que Vercingetorix s'était renfermé avec 80,000 hommes dans la ville, qui était d'une médiocre étendue? Lorsqu'il renvoie sa cavalerie, pourquoi ne pas renvoyer les trois quarts de son infanterie? 20,000 hommes étaient plus que suffisans pour renforcer la garnison d'Alise, qui est un

mamelon élevé, qui a 3000 toises de pourtour, et qui contenait d'ailleurs une population nombreuse et aguerrie. Il n'y avait dans la place des vivres que pour trente jours; comment donc enfermer tant d'hommes inutiles à la défense, mais qui devaient hâter la reddition? Alise était une place forte par sa position; elle n'avait à craindre que la famine. Si au lieu de 80,000 hommes, Vercingetorix n'eût eu que 20,000 hommes, il eût eu pour cent vingt jours de vivres, tandis que 60,000 hommes tenant la campagne eussent inquiété les assiégeans. Il fallait plus de cinquante jours pour réunir une nouvelle armée gauloise, et pour qu'elle pût arriver au secours de la place. Enfin, si Vercingetorix eût eu 80,000 hommes, peut-on croire qu'il se fût enfermé dans les murs de la ville: il eût tenu les dehors à mi-côte, et fût resté campé, se couvrant de retranchemens, prêt à déboucher et à attaquer César. L'armée de secours était, dit César, de 240,000 hommes; elle ne campe pas, ne manœuvre pas comme une armée si supérieure à celle de l'ennemi, mais comme une armée égale. Après deux attaques, elle détache 60,000 hommes pour attaquer la hauteur du nord; ce détachement échoue, ce qui ne devait pas obliger l'armée à se retirer en désordre.

3. Les ouvrages de César étaient considérables;

l'armée eut quarante jours pour les construire, et les armes offensives des Gaulois étaient impuissantes pour détruire de pareils obstacles. Un pareil problème pourrait-il être résolu aujourd'hui? 100,000 hommes pourraient-ils bloquer une place par des lignes de contrevallation, et se mettre en sûreté contre les attaques de 100,000 hommes derrière sa circonvallation?

CHAPITRE HUITIÈME.

Guerre des Gaules. Huitième campagne, l'an 50 avant Jésus-Christ.

I. Opérations militaires pendant l'hiver. — II. Guerre contre les Belges de Beauvais. — III. Siége de Cahors. — IV. Intrigues et mouvemens des troupes pendant l'an 50. — V. Observations.

I.

Le sort des Gaules était décidé, mais les Gaulois frémissaient: la plus vive fermentation agitait tous les esprits; c'était celle des vagues de l'Océan après la tempête. César s'était établi à Autun pour les surveiller: il partit en décembre, se rendit au fond du Berri avec deux légions, en surprit les habitans, qui avaient refusé des ôtages, en tua bon nombre, fit des prisonniers, soumit le pays et retourna à Autun, quarante jours après qu'il en était parti; de là il marcha sur Chartres avec deux légions; les Chartrains abandonnèrent leur ville et se réfugièrent dans les marais et les bois; il envoya sa cavalerie et ses troupes légères à leur poursuite, et se cantonna dans la ville d'Orléans. Les malheureux Chartrains, traqués de tout côté, abandonnèrent leur patrie et se réfugièrent chez leur voisins.

II.

Les Beauvoisins étaient les peuples les plus puissans de la Belgique. Ils avaient levé une armée qu'ils avaient mise sous les ordres de Correus, seigneur de Beauvais, et de Comius, seigneur d'Arras, sous prétexte de faire la guerre aux peuples de Soissons. César réunit quatre légions et se campa sur le territoire des Beauvoisins; ceux-ci avaient appelé à leur secours ceux d'Amiens, de Rouen, du pays de Caux, d'Arras, et les peuples du Maine; ils s'étaient campés sur une montagne environnée de tous côtés de marais; ils avaient déposé leurs femmes, leurs vieillards, leurs enfans, leurs bestiaux, leurs effets les plus précieux, au milieu d'une vaste forêt. Toutes les manœuvres de César pour les décider à quitter leur position furent inutiles. Cette conduite sage et prudente, qui contrastait avec le caractère bouillant et la vivacité gauloise, faisait assez connaître les progrès que ces peuples avaient faits dans l'art de la guerre. César passa les marais et se campa à une portée de trait de la forte position des Gaulois; il se couvrit de deux fossés en fond de cuve de quinze pieds de profondeur, et d'un rempart de douze pieds de haut, surmonté d'un parapet et couvert d'un grand nombre de tours à trois étages; deux tours très-hautes flanquaient les portes du camp. Sur ces entrefaites 500 cavaliers allemands entrèrent dans le camp gaulois: les escarmouches qui avaient lieu tous les jours entre les deux armées ne décidaient rien. La cavalerie rémoise fut défaite par la cavalerie des Beauvoisins; elle y périt presque entièrement. Enfin les trois légions de renfort que César avait demandées, arrivèrent du fond du Berri, sous les ordres de Trebonius; les Gaulois craignirent alors le siége d'Alise, ils évacuèrent leur position et en prirent une plus éloignée. Les deux armées restèrent en présence, et, malgré que l'armée romaine fût de sept légions, elle agissait avec circonspection. Carreus, général des Beauvoisins, avec 7000 hommes d'élite, tendit une embuscade aux fourrageurs romains; il fut trahi, battu; lui et tous les siens y périrent. Sans donner le temps aux ennemis de revenir de leur consternation, César marcha à eux. Ils implorèrent sa clémence, se soumirent et fournirent des ôtages; les autres peuples alliés imitèrent leur exemple. Les Belges furent vaincus une seconde fois; les Gaules subirent le joug. Un grand nombre de familles quittèrent une patrie qui désormais n'était plus libre, et cherchèrent un refuge sur la rive droite du Rhin et au-delà des mers. Ambiorix régnait encore sur les peuples de Liége; César marcha contre lui, mit tout son pays à feu et à sang, fit un grand nombre de prisonniers, mais sans pouvoir se saisir de la personne de cet implacable ennemi du nom romain.

III.

Un grand nombre de soldats, impatiens du joug, quittèrent leurs villes et se réunirent sur la rive gauche de la Loire; ils se joignirent à Dumnacus, général angevin, qui porta le siége devant Poitiers, pour y forcer Duracius, allié des Romains. Le lieutenant de César, Caninius, marcha au secours de Poitiers et se campa à la vue de la ville. Dumnacus attaqua le camp romain; il fut repoussé. Quelques jours après, Fabius renforça l'armée romaine de deux légions, ce qui décida le général angevin à lever le siége, et à se mettre en marche pour passer sur la rive droite de la Loire; mais, atteint en route par Fabius, il fut battu et perdit 12,000 hommes et tous ses bagages; les débris de ses armées, sous les ordres de Drapes et de Luterius, marchèrent pour porter la guerre et le ravage dans la province romaine et y assouvir leur vengeance; mais, atteints par Caninius, ils se réfugièrent dans la place forte de Cahors, ville située sur une haute colline, environnée de tout côté par la rivière du Lot; ils s'y approvisionnèrent de vivres pour long-temps. Drapes fut fait prisonnier dans une rencontre. Le général romain construisit sa contrevallation. César, du pays chartrain, se rendit en diligence au camp devant Cahors : la place était forte et défendue par des hommes désespérés; ils avaient des vivres pour long-temps: les Romains imaginèrent de les priver d'eau; les habitans ne pouvaient descendre à la rivière qu'à découvert, et par des rampes fort escarpées; les archers romains les privèrent bientôt de cette ressource; mais il restait une fontaine très-abondante qui coulait au pied de leurs murailles. Les assiégeans élevèrent une terrasse de soixante pieds de haut, sur laquelle ils dressèrent une tour de dix étages qui dominait la fontaine, quoiqu'elle fût dominée par les murailles de la ville. Les habitans ne pouvaient plus faire de l'eau qu'en s'exposant aux plus grands dangers; ils en furent entièrement privés, lorsqu'un rameau de mine tarit la source. La ville fut contrainte de capituler. César fit couper la main à toute la garnison. Dumnacus, abondonné des siens, en butte à la proscription romaine, vécut caché et mourut misérablement; Drapes se laissa mourir de faim, et Luterius, trahi par un seigneur auvergnat, fut livré aux Romains : ainsi périrent les derniers des Gaulois. Cet événement termina la guerre des Gaules. Depuis, les Gaulois restèrent tranquilles; ils s'accoutumèrent à la domination des Romains. Après la reddition de Cahors, César passa la Garonne, parcourut l'Aquitaine, et fut reçu partout sans éprouver d'obstacles; il se rendit à Narbonne et ordonna les quartiers d'hiver pour son armée. Quatre légions cantonnèrent en Belgique, deux chez les Autunois, deux dans la Touraine, sur la Loire, deux dans le Limousin, et de sa personne il se porta à Arras.

IV.

Pendant cette année César fut tranquille; il n'eut aucune guerre à soutenir. Au printemps il fit un voyage en Lombardie, et il y fut reçu en triomphe. Les intrigues de Rome l'occupaient uniquement. Sous le prétexte de faire la guerre aux Parthes, le sénat lui retira deux légions qu'il donna à Pompée. Labienus commanda dans la Cisalpine; peu après il se rangea du parti de Pompée. Dans le courant de l'été, César retourna à Arras, et passa en revue toutes ses légions à Trèves. A la fin d'octobre il les mit en quartier d'hiver, quatre légions dans la Belgique, quatre dans le pays d'Autun, et partit peu après pour repasser les monts. Dans les derniers jours de l'année 50 et les premiers de 49, il commença la guerre civile. De tous les généraux qui avaient conduit les Gaulois pendant ces huit campagnes et les avaient commandés dans la défense de leur liberté, deux seulement survécurent à la guerre: Comius, seigneur d'Arras, d'abord allié et intime ami de César, qui seconda tous ses projets en Gaule et en Angleterre, et qui devint un implacable ennemi lorsqu'il fut convaincu que les Romains en voulaient à la liberté de son pays; mais désarmé, il continua à vivre éloigné de la vue de tout Romain. Le second est Ambiorix, chef du pays de Liége, qui avait commandé les Belges, massacré les légions de Sabinus, assiégé le camp de Cicéron, et depuis soutenu constamment la guerre: il mourut ignoré, mais libre.

V.

Observations.

1. Dans cette campagne César n'éprouva de résistance que de la part des Beauvoisins; c'est qu'effectivement ces peuples n'avaient pas eu, ou n'avaient pris que peu de part à la guerre de Vercingetorix; ils n'eurent que 2000 hommes devant Alise; ils opposèrent plus de résistance, parce qu'ils mirent plus d'habileté et de prudence que n'avaient encore fait les Gaulois; mais les autres Gaulois n'en ont fait aucune en Berri comme à Chartres; tous sont frappés de terreur et cèdent.

2. La garnison de Cahors était formée du reste des armées gauloises. Le parti que prit César de faire couper la main à tous les soldats était bien atroce. Il fut clément dans la guerre civile envers les siens, mais cruel et souvent féroce contre les Gaulois.

CHAPITRE NEUVIÈME.

Guerre civile. Campagne d'Italie, l'an 49 avant Jésus-Christ.

I. Guerre civile. — II. César s'empare de l'Italie. — III. Observations.

I.

Le 16 janvier (c'est-à-dire le 26 octobre de notre calendrier), le sénat porta le décret que les consuls, les préteurs, les tribuns du peuple et les proconsuls qui étaient près de Rome, veilleraient à ce qu'il ne soit fait aucun tort à la république. Lentulus était consul; Antoine et Cassius étaient tribuns. Après la publication de ce décret les citoyens prirent l'habit de guerre; les consuls firent des levées de troupes pour créer une armée à Pompée, qui avait déjà deux légions en Italie. Il en avait six autres en Espagne; il leur donna l'ordre de se rendre à Rome. Mais César, instruit de toutes ces circonstances à Ravenne, où il était, quoiqu'il n'eût auprès de lui que la 13ᵉ légion, prit son parti; il la harangua, la trouva dévouée à ses intérêts, partit sur-le-champ, passa le Rubicon, petit ruisseau qui forme la limite de la province des Gaules; il surprit Rimini, où les tribuns du peuple Antoine et Cassius, qui s'étaient sauvés de Rome, vinrent lui demander refuge dans son camp. En passant le Rubicon, César avait déclaré la guerre civile et bravé les anathèmes prononcés contre les généraux qui passeraient en armes le Rubicon : ils étaient voués aux dieux infernaux. Pompée abandonna Rome et se retira à Capoue, à cinquante lieues de là, quoiqu'il eût alors deux légions et 30,000 hommes près de Rome; il y fut rejoint par le sénat et les principales autorités de la république. César laissa en Gaule trois légions pour observer les Pyrénées, et se fit rejoindre par les six autres. Il s'empara de Pesaro, de Fano, d'Ancône et d'Urbin; il envoya Antoine à Arezzo avec cinq cohortes, pour intercepter la route de l'Étrurie. Tous les peuples étaient bien disposés pour lui ; Osino, Arcoli ouvrirent leurs portes. Le consul Lentulus, à ces nouvelles, évacua Rome et rejoignit Pompée.

Domitius Ahenobarbus avait pris position à Corfinium avec trente cohortes. César campa sous les murs de cette ville, qui est située à l'embranchement de plusieurs routes et à six milles de la ville actuelle de Salmons. Il était urgent que Pompée, qui était à Capoue, à cinquante lieues, secourût cette importante place; mais il ne voulut pas se commettre avec une armée nouvelle contre les vieilles bandes des Gaules. Aussitôt que la garnison fut instruite qu'elle était abandonnée, elle se souleva, arrêta Domitius et se rangea du parti de César. A cette nouvelle, Pompée résolut d'abandonner l'Italie; il se retira à Brindes; les consuls, avec une partie de l'armée, s'y embarquèrent, traversèrent l'Adriatique et débarquèrent à Dyrrachium en Épire. César investit Brindes avec six légions; il fit construire une digue pour fermer le port, et dans l'endroit où les eaux étaient trop hautes, il établit des radeaux amarrés par des ancres couvertes de terre pour couvrir ses troupes; mais le neuvième jour que ce grand travail était commencé, les bâtimens de Pompée arrivèrent; il s'embarqua avec ses vingt cohortes et rejoignit son armée en Épire. Ainsi dans les premiers jours de mars, trois mois après avoir passé le Rubicon, César se trouvait maître de toute l'Italie. La promptitude de sa marche, l'hésitation de Pompée, sont un contraste. Les légions d'Espagne, pendant ce temps, s'étaient réunies en Catalogne.

II.

Il eût été important que César suivît Pompée pour l'empêcher de recevoir les secours qu'il attendait de toutes les parties de l'Asie; mais il n'était pas maître de la mer; il lui fallut plusieurs mois pour réunir les moyens nécessaires au passage de son armée. Cependant il était menacé dans les Gaules par les six légions d'Espagne, renforcées de beaucoup de troupes auxiliaires sous les ordres des lieutenans de Pompée. Il prit toutes les mesures pour réunir des navires à Brindes; il envoya Curion en qualité de propréteur en Sicile, forma trois légions des troupes de Corfinium, les lui confia; il envoya Valerius en Sardaigne et en Corse avec une légion : l'un et l'autre réunirent les habitans des deux îles, renvoyèrent le lieutenant de Pompée et reçurent en triomphe l'envoyé de César. Caton, qui commandait en Sicile, évacua cette province et se rendit près de

Pompée en Grèce. Après avoir ainsi pourvu aux choses les plus pressantes, César se rendit à Rome ; il mit tout en œuvre pour attirer dans la ville les personnages les plus considérables, mais il échoua. Il proposa à son sénat d'envoyer une députation à Pompée pour négocier un accommodement. Les affaires de Rome étant pleines de difficultés, les principaux de la république étaient contre lui ; le peuple qui était prononcé en sa faveur était mené par des tribuns qui ne lui laissaient qu'une autorité incertaine. Il quitta Rome avec plaisir, passa les Alpes, se présenta devant Marseille. Il fit passer les Pyrénées à Fabius, son lieutenant, avec les trois légions qui étaient en quartier d'hiver à Narbonne ; il y réunit un gros corps de cavalerie gauloise et des troupes auxiliaires.

Au mois d'avril (janvier de notre calendrier), la Gaule, l'Italie, la Sardaigne, la Corse et la Sicile tenaient pour César ; l'Espagne, l'Afrique, l'Égypte, la Syrie, l'Asie-Mineure, la Grèce, tenaient pour Pompée ; mais César dominait à Rome.

III.

Observations.

1. Pompée s'était trompé sur les dispositions des peuples; l'opinion des grands, des sénateurs, qui parlaient très-haut et étaient fort prononcés contre César, lui donna le change. Le peuple avait une invincible inclination pour César.

2. Les six légions qu'il avait en Espagne pouvaient le joindre à Rome en peu de semaines en les embarquant à Carthagène, Valence et Tarragone, et en les débarquant à Naples ou Ostie.

3. C'est Rome qu'il fallait garder; c'est là qu'il eût dû concentrer toutes ses forces au commencement des guerres civiles; il faut tenir toutes les troupes réunies, parce qu'elles s'électrisent et prennent confiance dans la force du parti; elles s'y attachent et s'y maintiennent fidèles. Si les trente cohortes de Domitius eussent été campées devant Rome avec les deux premières légions de Pompée; si les légions d'Espagne, celles d'Afrique, d'Égypte, de Grèce, se fussent portées par un mouvement combiné sur

l'Italie par mer, il eût réuni avant César une plus grande armée que celui-ci.

4. Ne pouvant se porter en Grèce, César se porta en Espagne; il craignit avec raison que les légions ne se rendissent par mer au camp de Pompée ou n'entrassent en Gaule.

CHAPITRE DIXIÈME.

Guerre civile. Campagne d'Espagne, l'an 49 avant Jésus-Christ.

I. Guerre de quarante jours entre la Sègre et l'Èbre. — II. Affaires d'Andalousie. — III. Siége de Marseille. — IV. Observations.

I.

Je vais combattre une armée sans général, dit César en partant pour l'Espagne, *pour venir ensuite combattre un général sans armée*. Effectivement les vieilles légions de Pompée étaient en Espagne sous Afranius, Petricus et Varron; le premier commandait sur l'Èbre, le second dans le royaume de Léon et en Portugal, le troisième dans l'Andalousie. Afranius et Petricus réunirent leurs cinq légions à Lérida, en Catalogne, avec quatre-vingts cohortes et 5000 chevaux espagnols; Varron resta à Séville avec deux légions. César, arrêté devant Marseille, fit prendre le devant à Fabius, son lieutenant, avec trois légions et 18,000 Gaulois dont 6000 chevaux. Arrivé en présence d'Afranius, devant Lérida, Fabius fortifia son camp et jeta des ponts sur la Sègre pour assurer ses communications et pouvoir fourrager sur les deux rives. Les fourrageurs des deux armées en vinrent souvent aux mains. Un jour que Fabius avait envoyé deux légions pour les protéger, un de ses ponts fut emporté par la violence du courant; Afranius accourut avec quatre légions pour profiter de l'occasion, mais elles firent bonne contenance, se rangèrent en bataille sur une éminence et soutinrent l'attaque de l'ennemi, jusqu'à ce que Fabius arrivât avec deux autres légions qui passèrent la Sègre sur l'autre pont, ce qui mit fin au combat. Ce fut deux jours après cet événement que César arriva à son camp avec 900 chevaux d'escorte. Il laissa six cohortes à la tête du pont et marcha sur Lérida, vis-à-vis le camp d'Afranius, à qui il offrit bataille; il assit son camp à quatre cents pas du pied de la montagne; il employa la troisième ligne à creuser un fossé de quinze pas de largeur, la protégeant par ses deux premières lignes, qui restèrent en bataille. Ce travail étant terminé, il fit rentrer l'armée dans ce retranchement; trois jours après il fortifia son camp, y fit entrer ses bagages et rappela les six cohortes qu'il avait laissées derrière lui. Ce camp et celui d'Afranius étaient séparés par une plaine de trois cents pas; au milieu était un monticule, que César fit attaquer par trois légions. Afranius le prévint; un combat très-vif s'engagea; le monticule resta à Afranius, qui le fit retrancher et mettre à l'abri de toute insulte. Cependant la Sègre et la Cinca débordèrent, emportèrent les ponts de bateaux; l'armée de César se trouva cernée par les inondations; celle de Pompée était maîtresse du pont de pierre de Lérida. On était au mois de juin, les blés étaient près de leur maturité; il ne restait plus de vieux blé dans les granges; le bétail avait été enlevé par les paysans qui s'étaient réfugiés dans les montagnes; la famine se fit sentir dans le camp de César; les troupes légères espagnoles et portugaises auxiliaires d'Afranius étaient munies d'outres, et accoutumées à franchir les rivières et les inondations, ce qui leur permit de fourrager comme à l'ordinaire. Sur ces entrefaites un convoi de plusieurs milliers de chevaux, composé de cavalerie gauloise et d'archers du Rouergue, arriva devant le camp de César; il fut arrêté par la rivière. Afranius passa sur le pont de Lérida avec trois légions pour attaquer ce convoi, qui fut obligé de se retirer dans les montagnes, après avoir perdu quelques centaines d'hommes. César se trouvait dans une position fâcheuse; le bruit s'en répandit à Rome, et l'on courut en foule chez la famille d'Afranius pour la féliciter.

Cependant la rivière baissa; César fit construire des bateaux d'osier couverts de cuir, remonta la Sègre à sept lieues, jeta une légion sur la rive gauche et en deux jours rétablit un pont de pontons, ce qui ramena l'abondance dans son camp. Quelques jours après la cavalerie gauloise surprit une cohorte d'Afranius et la tailla en pièces; la cavalerie gauloise et allemande prit un grand ascendant sur la cavalerie espagnole, qui n'osa plus s'éloigner ni tenir la campagne. Sur ces entrefaites les habitans de Tarragone, ceux de Huesca, ceux de Callahorra, se soumirent à César; ils l'approvisionnèrent de blés; le nouveau pont se trouvant trop éloigné de son camp, il prit le parti de saigner la Sègre et de la rendre guéable. Afranius craignait de se trouver à son tour affamé, la cavalerie de César étant fort supérieure à la sienne; il résolut de porter la guerre en Arragon. Il fit réunir à Méquinença tous les bateaux nécessaires pour construire un pont sur l'Èbre; ce pont fut promptement achevé; et, laissant en garnison deux cohortes dans Lérida, il se dirigea sur Méquinença, dont il n'était qu'à sept lieues. César le fit poursuivre par sa cavalerie, qui atteignit son arrière-garde; au jour, il fit des cohortes des hommes les plus faibles, qu'il laissa à la garde du camp, et avec le reste il passa la Sègre au gué qu'il venait de faire, ayant de l'eau jusqu'au cou, et avant trois heures du soir il atteignit l'ennemi. À cette vue Afranius rangea son armée en bataille entre le camp qu'il occupait et Méquinença. Il y avait des défilés difficiles. Le lendemain, à la pointe du jour, les deux armées décampèrent; César prit la traverse dans l'espérance de gagner avant l'ennemi ces défilés; il réussit et se rangea en bataille, faisant face à l'ennemi, lui coupant le chemin sur l'Èbre. Afranius, dans cette position difficile, abandonna la grand'route. Il voulut faire occuper une montagne par quatre cohortes espagnoles; mais elles furent environnées par la cavalerie gauloise et massacrées, ce qui consterna son armée. Les soldats de César demandaient à grands cris la bataille; mais, ayant des intelligences dans le camp d'Afranius, il espérait soumettre cette armée par de bons procédés et par l'effet de ses négociations. Afranius et Petricus rentrèrent dans le camp qu'ils avaient occupé la veille, et César plaça le sien sur des hauteurs, en occupant les chemins qui conduisaient à l'Èbre. Afranius et Petricus avaient deux partis à prendre, ou retourner à Lérida, ou marcher sur Tarragone; ils manquaient d'eau, ils ne pouvaient aller à la rivière, ce qui les obligea à tirer des retranchemens depuis le camp jusqu'à l'eau. Pendant qu'ils présidaient eux-mêmes aux travaux, les deux camps se mêlèrent et les soldats d'Afranius témoignèrent le désir de mettre un terme à la guerre; mais Petricus fit passer par les verges tous les soldats de César qui se trouvaient dans son camp; il rétablit l'ordre et la discipline. Enfin, les ennemis se décidèrent à retourner sur Lérida; mais, poussé vivement, Afranius comprit l'impossibilité d'opérer sa retraite; il campa, employa plusieurs jours à se fortifier, mais il n'avait pas d'eau. N'ayant plus de fourrage, il fit tuer les bêtes de somme. Les camps n'étaient éloignés l'un de l'autre que de deux mille pas; les armées en sortirent et se rangèrent en bataille: Afranius sur deux lignes; les troupes auxiliaires formaient le corps de réserve; César sur trois lignes; la première forte de vingt cohortes, quatre cohortes de chaque légion; la seconde de trois et la troisième de trois; les gens de trait et les frondeurs étaient au milieu et la cavalerie sur les ailes. Sur le point d'en venir aux mains, Afranius traita avec César, qui lui accorda la paix, avec la seule condition que l'armée serait sur l'heure même licenciée, que les Espagnols rentreraient directement chez eux et que les Italiens repasseraient les Pyrénées et les Alpes sous son escorte.

II.

Varron, lieutenant de Pompée, commandait dans l'Espagne méridionale; il leva dans sa province trente cohortes auxiliaires; il fit construire à Cadix dix galères et plusieurs autres à Séville, mit six cohortes dans Cadix, envoya du blé à Marseille; il projeta de s'enfermer dans Cadix avec son armée. César, maître de la Catalogne, se rendit à Cordoue, y réunit les notables de l'Andalousie. Cordoue et Carmone se déclarèrent pour lui et chassèrent les troupes de Varron, tant l'Andalousie lui était affectionnée. Cadix s'étant déclarée en sa faveur, Varron se soumit avec la légion qui lui restait. Ainsi toute l'Espagne se trouva pacifiée. Ce succès fut dû aux sentimens des naturels du pays. Ayant ainsi pacifié toutes ces contrées, César laissa Cassius avec quatre légions pour commander la province; il se rendit par terre à Narbonne et de là devant Marseille.

III.

Marseille était une des plus puissantes villes de la Méditerranée; elle se déclara pour Pompée. Au commencement de mai de l'an 49, elle ferma ses portes à César, qui manda quinze des principaux de la ville pour tâcher de faire changer les dispositions des habitans; mais ce fut vainement. Domitius, celui qui avait rendu Corfinium, fut affectionné au parti de Pompée, entra dans la ville avec quelques galères et en fut déclaré gouverneur. Pendant ce temps, Caïus Trebonius, avec trois légions, investit la ville et commença le siége; en même temps, voulant tenir la mer, il fit construire en trente jours douze galères à Arles, et en donna le commandement à Domitius Brutus. Dix-sept galères marseillaises, dont onze étaient couvertes, et un grand nombre de petites barques remplies d'archers et de montagnards d'Albi, sortirent du port pour attaquer l'escadre de Brutus, qui était à l'ancre près d'une des petites îles qui sont à l'entrée du golfe de Marseille. L'action fut vive et opiniâtre; les Romains furent vainqueurs; les Marseillais perdirent neuf galères. Trebonius, de son côté, forma deux attaques, l'une près du port, et l'autre du côté opposé; Marseille était alors une presqu'île. Masidius, avec seize vaisseaux dont les éperons étaient d'airain, passant le détroit de Sicile, entra dans le port de Marseille. Ce renfort rendit les Marseillais maîtres de la mer; ils mirent à la voile et mouillèrent dans la rade de Toulon; Brutus les y attaqua et les défit, quatre de leurs galères furent prises et cinq coulées bas; une se sauva avec les vaisseaux de Masidius et gagna l'Espagne. Trebonius éleva une tour de brique au bas des murailles; elle avait trente pieds de haut sur trente pieds de diamètre; il établit une galerie de soixante pieds de long pour aller du bas de cette tour au bas des murailles du rempart. Les Marseillais, craignant que leur ville ne fût prise d'assaut, parlementèrent, obtinrent une trève; mais, ayant recours à la trahison, ils profitèrent d'un grand vent, sortirent et brûlèrent toutes les tours et les machines des assiégeans. Cette perfidie indigna ceux-ci sans les décourager; en peu de jours ils rétablirent toutes leurs machines; enfin, rebutés de tant de pertes, les assiégés résolurent de se soumettre: ils étaient en proie à la plus affreuse famine. Ils sortirent et déposèrent les armes aux pieds de César, qui était de retour d'Espagne. Il conserva leur ville et y mit deux légions en garnison. Cette ville soutint six mois de siége; elle capitula en octobre. César, arrivé à Rome, fut nommé dictateur; il fit marcher son armée sur Brindes : cette armée fut bien employée. En juillet il passa le Rubicon; en août il était maître de toute l'Italie; en octobre, de l'Espagne et de Marseille; en novembre, il était à Rome dictateur.

IV.

Observations.

1. César réduisit une armée égale en force à la sienne par le seul ascendant de ses manœuvres. De pareils résultats ne se peuvent obtenir que dans les guerres civiles. Le travail important qu'il fit exécuter, ce fut les saignées qu'il fit faire à la rivière en creusant deux canaux de trente pieds de largeur, ce qui l'a rendue navigable.

2. Lorsqu'il arriva devant Lérida, il fit creuser un fossé de quinze pieds de large sur neuf de profondeur, ce qui fait un déblai de 403 ppp. par toise

courante ; sept hommes ont pu travailler à la fois dans l'espace de chaque toise ; il leur a fallu cinq heures pour creuser ce fossé. En Catalogne les terres ont besoin de peu de talus.

CHAPITRE ONZIÈME.

Guerre civile. Campagne de Thessalie, l'an 48 avant Jésus-Christ.

I. Opérations des armées en Épire jusqu'à la réunion d'Antoine. — II. Combat de Dyrrachium. — III. Bataille de Pharsale. — IV. Observations.

I.

César séjourna peu de jours à Rome; il se démit de la dictature et se rendit à Brindes, où était réunie son armée, forte de douze légions.

Pompée, qui n'avait que cinq légions lors de son arrivée en Épire, se trouva en avoir neuf; il en avait tiré une de Sicile, deux d'Asie, une de Crète; il en attendait deux que lui amenait Scipion, son beau-père; il avait en outre un grand nombre de troupes auxiliaires; il était maître de la mer; sa flotte, composée des escadres d'Égypte, de Syrie, de Rhodes, d'Illyrie, était sous les ordres de Bibulus, son amiral, qui croisait à l'entrée de l'Adriatique avec cent dix galères, pour empêcher César de passer la mer. Celui-ci mit à la voile avec treize galères et un convoi de bâtimens de charge portant 20,000 hommes, le 4 janvier (14 octobre de notre calendrier), de Brindes, et jeta l'ancre le lendemain au milieu des rochers de la Chimère, en Épire. A peine débarqué, il renvoya ses vaisseaux pour prendre le reste de son armée, que, sous les ordres d'Antoine, il avait laissé à Brindes; mais ils furent attaqués par Bibulus, qui en prit et brûla une partie, après quoi il établit sa croisière d'Orco, port situé près de la Chimère, à Salone (Spalatro), et parvint à couper toute communication entre César et Antoine. Pompée était au fond de la Macédoine lorsqu'il apprit que César avait passé l'Adriatique, que déjà il était maître d'Orco et de l'Épire, qu'il menaçait ses magasins de Dyrrachium; il y accourut en toute diligence; il se campa sur la rive droite de l'Aspro, couvrant Dyrrachium vis-à-vis de César, qui couvrait Érisso. Les deux armées n'étaient séparées que par la rivière, ce qui donna lieu à des pourparlers qui firent momentanément espérer un rapprochement. Les affaires traînèrent ainsi cinq mois, sans que Pompée profitât de sa supériorité; il avait toute son armée réunie, et celle de César était, partie en Italie, sous Antoine, et partie sous lui, en Épire.

Enfin, Antoine se mit en mer avec trois légions de vétérans et parut au matin devant Durazzo, poussé par le vent du Midi; il remonta dans l'Adriatique jusqu'au cap de Médea. A peine eut-il atteint ce cap, que le vent changea, ce qui sauva son convoi, qui était chassé par seize galères, et occasiona la perte de celles-ci; elles échouèrent sur la côte : soldats et matelots périrent; deux vaisseaux du convoi d'Antoine, restés en arrière, furent obligés de mouiller devant Alessio, attaqués par plusieurs galères ennemies. Un de ces bâtimens, qui était monté par des recrues, fut pris sans résistance; l'autre, sur lequel étaient des vétérans, s'échoua : ces braves gagnèrent terre, débarquèrent, soutinrent un combat contre 400 cavaliers, et arrivèrent dans le camp de César sans avoir perdu un seul homme.

II.

Pompée leva le premier son camp pour marcher à la rencontre d'Antoine, et le battre avant que César n'eût pu le joindre. Celui-ci remonta l'Apsus pour passer à un gué, ce qui lui fit perdre un jour; malgré ce retard, il fit sa jonction avec Antoine et prévint Pompée, qui rétrograda et porta son camp à Asparagium. César ayant opéré sa jonction avec Antoine, se fit joindre par les garnisons qu'il avait laissées sur la côte, et se mit à la suite de Pompée. Le troisième jour de marche il campa près de lui; le lendemain il lui offrit en vain la bataille; alors César décampa et gagna une marche sur Pompée, se porta à tire d'ailes sur Durazzo, afin de s'emparer de ce grand dépôt de vivres et de guerre; il l'investit, mais Pompée accourut au secours de ses magasins et se campa sur une roche élevée sur le bord de la mer, nommée Petra, où il y avait une anse et un mouillage. Ainsi le camp de César était placé entre la ville de Dyrrachium et le camp de Pompée; il contenait dix légions avec lesquelles il présenta bataille à Pompée qui la refusa constamment, resta immobile dans son camp, ce qui le décida à l'effrayer.

Il prit alors le parti d'envelopper son camp par des lignes : il fit construire vingt-six forts sur une contrevallation de six lieues de tour, la gauche appuyée à son camp près de Dyrrachium et la droite au bord de la mer, au-delà de l'embouchure de l'Aspro; le camp de Pompée, l'anse de Petra, étaient enfermés par ces lignes. Il obtenait par là plusieurs avantages : le premier, c'était de décréditer Pompée; le second, de lui couper les fourrages et d'empêcher sa nombreuse cavalerie de se nourrir et de courir la campagne. Pompée se laissa enfermer et se contenta de se couvrir par une enceinte parallèle à celle de César; il bâtit vingt-quatre forts opposés aux vingt-six, sur une ligne de circonvallation de cinq lieues; cela lui donnait l'avantage de le rendre maître de cet espace intérieur; il l'était de la mer, par où il recevait des convois; ce terrain était ensemencé, ce qui lui fournissait des fourrages en quantité. Sa position étant plus centrale, il avait toutes sortes d'avantages sur César; il pouvait se porter en moins d'une heure, en suivant la mer, de la droite à la gauche, et il en fallait six à César; la supériorité des troupes de celui-ci, homme pour homme, était telle qu'elles luttèrent long-temps avec avantage contre la supériorité du nombre et la centralité de la position de Pompée. Cependant les deux armées manquaient également :

César, de blé, fut réduit à vivre de légumes et de chara, espèce de racine fort grossière; Pompée manquait de fourrages, et sa nombreuse cavalerie souffrit beaucoup; l'eau même devenait rare, les maladies se mirent dans son camp. On était au mois de juin: pressé par le besoin de fourrages, il forma un camp sur la rive droite de l'Aspro, débordant la gauche de toute la ligne de César, afin de pouvoir fourrager dans la campagne. César construisit à l'extrémité de sa ligne un camp à une portée de trait de celui de Pompée; les combats étaient journaliers: on en compta dans un jour trois, un à Durazzo et deux aux lignes. Dans un de ces combats, César gagna six drapeaux et fit perdre 2000 hommes à son ennemi; Pompée, qui avait une grande quantité d'hommes de trait, en ayant garni ses tours, fit beaucoup de mal à son adversaire, qui, sentant le désavantage de sa position, désira sortir de cette pénible situation par une bataille générale: il s'approcha à cet effet jusqu'à une portée de trait du camp de Pompée; mais celui-ci, constant dans son système, resta dans son camp et préféra même de renvoyer sa cavalerie par mer, puisqu'il ne la pouvait plus nourrir, plutôt que de risquer une bataille. S'il se refusa à un engagement général, il sut profiter des avantages de sa position. Pour attaquer la droite de César, il ordonna à ses troupes de se munir de fascines et de couvrir leurs casques de claies d'osier pour être à l'abri des frondeurs. Pendant que soixante cohortes attaquaient de front, avant le jour, une légion embarquée sur des vaisseaux de charge débarquait, tournait et attaquait la droite de l'ennemi. Ce petit camp, qui appuyait la droite de César, était occupé par la 9e légion; il consistait en un rempart de dix pieds de haut et un fossé de quinze pieds; il s'en empara et mena battant les troupes de César; mais Antoine arriva avec une réserve de douze cohortes, et contint un peu l'ennemi. César s'y rendit lui-même : il marcha sur le petit camp de Pompée, voulant prendre sa revanche; il força le camp; mais Pompée marcha à lui avec sa 5e légion, le battit; l'effroi, le désordre et la confusion furent extrêmes dans l'armée de César, qui courut le risque d'être entièrement écharpée; il eut un millier d'hommes tués et perdit trente-deux drapeaux. Ce succès valut à Pompée le titre d'*imperator*. La fortune, qui l'avait si bien servi ce jour-là, piquée qu'il n'eût pas su profiter de ses faveurs, le quitta. César s'aperçut enfin combien le système de guerre qu'il avait adopté était défectueux; il reploya tous ses postes, envoya tous ses bagages à Apollonie, sous l'escorte d'une légion, et commença sa retraite à trois heures du matin, déposa ses blessés à Apollonie et se dirigea sur la Thessalie; Pompée le suivit, abandonnant les bords de la mer, où sa nombreuse flotte lui donnait tant d'avantage.

III.

Scipion, envoyé comme proconsul de Brindes en Asie, pour y réunir les légions et les faire déclarer pour Pompée, se mit en marche avec deux légions pour joindre Pompée aussitôt qu'il fut instruit que César avait passé la mer; il arriva en Macédoine, qui s'était déclarée pour le dictateur; il marcha contre Domitius son général; les deux armées campèrent l'une vis-à-vis de l'autre, sur l'Haliacmon, qui sépare la Thessalie de la Macédoine. César arriva en Thessalie, appela à lui Domitius, pendant que Pompée faisait sa réunion avec Scipion. Après des marches et des contre-marches, les armées se trouvèrent en présence dans les plaines de Pharsale; l'armée de la république était fière de la cause qu'elle défendait et des succès qu'elle venait de remporter à Dyrrachium; celle du dictateur était pleine de confiance dans la fortune de son chef et de sa propre supériorité: c'étaient ces vieilles légions toujours victorieuses. Pompée, convaincu de la supériorité de l'armée de César, voulait éviter le combat, mais il ne put résister à l'impatience des sénateurs; ces pères conscripts étaient impatiens de rentrer dans les murs de leur Rome. On vantait la supériorité de sa cavalerie. Labienus, ancien lieutenant de César, appelait la bataille de tous ses vœux, disant que les vieux soldats vainqueurs des Gaulois étaient morts, que César n'avait plus que des recrues. Pompée avait 110 cohortes, qui faisaient 45,000 hommes romains sous les armes; César avait 30,000 hommes; les troupes alliées de part et d'autre étaient très-nombreuses. Les historiens diffèrent beaucoup d'opinion sur le nombre d'hommes qui ont combattu à Pharsale, puisqu'il en est qui le font monter de 3 à 400,000 hommes. Les 10°, 9° et 8° légions de César formaient sa droite, sous les ordres de Sylla; il avait placé au centre quatre-vingts cohortes, ne laissant que deux cohortes à la garde de son camp; il tira une cohorte de chacune des légions qui composaient sa troisième ligne pour en former un corps spécialement destiné à s'opposer à la cavalerie. Il n'y avait entre les deux armées que l'espace nécessaire pour le choc. Pompée ordonna de recevoir la charge sans s'ébranler. Aussitôt que le signal fut donné, l'armée de César s'avança au pas redoublé; mais voyant que la ligne ennemie ne bougeait pas, ces vieux soldats s'arrêtèrent d'eux-mêmes pour reprendre haleine; après quoi ils coururent à l'ennemi, lancèrent leurs javelots et l'abordèrent avec leurs courtes épées. La cavalerie de Pompée, qui était à la gauche, soutenue par les archers, déborda l'aile droite de César; mais les six cohortes qui étaient en réserve s'ébranlèrent et chargèrent cette cavalerie avec tant de vivacité qu'elles l'obligèrent à prendre la fuite; dès ce moment la bataille fut décidée.

César perdit 200 hommes, dont la moitié officiers; Pompée perdit 15,000 hommes morts ou blessés sur le champ de bataille; il ne put pas même défendre son camp, que le vainqueur enleva le jour même. Les débris de l'armée vaincue se réfugièrent sur un monticule où César les cerna; à la pointe du jour suivant ils posèrent les armes au nombre de 24,000 hommes. Les trophées de cette journée furent neuf aigles, c'est-à-dire tous ceux des légions présentes, et 180 drapeaux. Pompée se retira en toute hâte, vivement poursuivi. Arrivé à Peluse, en Égypte, il se confia au jeune roi Ptolomée, qui était dans cette ville à la tête de son armée, faisant la guerre à Cléopâtre, sa sœur; il débarqua sur la plage presque seul, et fut assassiné par les ordres de Ptolomée. César débarqua en Égypte peu de semaines après, et fit son entrée dans Alexandrie à la tête de deux légions et de quelques escadrons de cavalerie.

Ainsi périt le grand Pompée, à l'âge de cinquante-huit ans, après avoir pendant trente-cinq ans exercé les principales charges de la république. Il avait fait dix-sept campagnes de guerre : celles de l'an 83, 82, 77, 49, 48, contre les Romains du parti de Marius et de César; celles de 81 en Afrique, de 76, 75, 74, 73, 72, 71, en Espagne; celle de 67, contre les pirates; celles de 65, 64, 63, contre Mithridate; il avait triomphé en 81 de l'Afrique, en 71 de l'Espagne, en 61 de l'Asie; il avait été trois fois consul, en 70, en 55; ces deux fois avec Crassus; en 82, avec Metellus Scipion; Pompée, l'homme que les Romains ont le plus aimé et qu'ils surnommèrent du nom de *Grand*, lorsqu'il n'était encore âgé que de vingt-six ans.

IV.

Observations.

1. Les douze légions que César réunit à Brindes venaient d'Espagne, des Gaules ou des rives du Pô; il semble donc qu'il eût mieux fait de les diriger par l'Illyrie et la Dalmatie sur la Macédoine : de Plai-

sance, point d'intersection des deux routes, la distance est égale pour arriver en Épire; son armée y serait arrivée réunie; il n'aurait point eu à passer la mer, obstacle si important, et qui faillit lui être si funeste de traverser devant une escadre supérieure.

2. Cet obstacle, il est vrai, était beaucoup moins fort alors qu'il ne serait aujourd'hui. La navigation était dans l'enfance; les vaisseaux n'étaient pas propres à croiser et à tenir le vent; il paraît même qu'ils n'étaient pas approvisionnés d'eau pour longtemps, puisque quelques jours de vents contraires exposèrent la flotte de Bibulus à en manquer entièrement.

3. Pompée, avec une armée aussi nombreuse, n'eût pas dû se laisser tenir en échec par l'armée de César avant sa jonction avec Antoine, c'est-à-dire, pendant cinq mois.

4. Les manœuvres de César à Dyrrachium sont extrêmement téméraires: aussi en fut-il puni. Comment pouvait-il espérer de se maintenir avec avantage le long d'une ligne de contrevallation de six lieues, entourant une armée qui avait l'avantage d'être maîtresse de la mer et d'occuper une position centrale. Après des travaux immenses, il échoua, fut battu, perdit l'élite de ses troupes et fut contraint de quitter ce champ de bataille. Il avait deux

lignes de contrevallation, une de six lieues contre le camp de Pompée, et une autre contre Dyrrachium. Pompée se contenta d'opposer une ligne de circonvallation à la contrevallation de César; effectivement, pouvait-il faire autre chose, ne voulant pas livrer bataille? Mais il eût dû tirer un plus grand avantage du combat de Dyrrachium; ce jour-là il eût pu faire triompher la république.

Quand on considère avec attention les travaux que firent les deux armées à Dyrrachium, et ceux de César à Alise; que l'on met deux armées modernes dans la même situation, on saisit d'abord toute la différence qui existe entre les deux manières de faire la guerre. En effet, à Alise, César, avec 80,000 hommes, fait une double ligne de circonvallation; il cerne une armée d'égale force et couvre son armée par une ligne de contrevallation de cinq à six lieues de tour, ce qui le met à même de résister à plus de 200,000 hommes. Lors de l'attaque, il est évident que, sans le secours de ces fortifications de campagne, il n'eût pas pu résister; mais il profite des quarante jours qu'il a devant lui avant l'arrivée de l'armée de secours, pour se couvrir de fossés, de remparts, de trous de loup, etc., et il se trouve inexpugnable. Aujourd'hui quelque considérables que fussent les travaux qu'une armée pourrait faire en quarante jours, en la supposant organisée comme les armées romaines, ces avantages disparaîtraient devant une grande supériorité d'artillerie de la part de l'assaillant; l'artillerie de l'armée dans ses lignes serait disséminée, tandis que celle de l'armée de secours serait réunie sur le point de la principale attaque, hormis ce qui serait nécessaire pour les fausses attaques; alors l'artillerie de l'armée dans ses lignes serait sur-le-champ éteinte par la grande supériorité de l'attaquant, et, soit qu'elle profitât du commandement, soit qu'elle prît en enfilade ou en écharpe, l'armée assaillante, protégée par une nombreuse artillerie, n'aurait que la peine de combler de fascines les fossés, trous de loup, etc., et de faire des rampes aux lignes. Cet avantage, les anciens ne l'avaient pas, parce que leurs armes de jet étaient trop médiocres, et que leurs principales armes étaient des armes blanches; alors l'obstacle du retranchement restait tout entier.

A Dyrrachium les tours protégeaient la ligne, l'artillerie les mettrait en ruine aujourd'hui en peu d'heures. Nos moyens d'élever des fortifications sont restés les mêmes, mais leur importance est diminuée dans un rapport bien grand; aussi la bêche et la pioche n'étaient-elles pas moins nécessaires aux soldats romains ou grecs que le bouclier et l'épée, et les modernes n'en font plus d'usage. Est-ce à tort, ou ont-ils raison?

5. A Pharsale, César ne perd que 200 hommes, et Pompée 15,000. Les mêmes résultats, nous les voyons dans toutes les batailles des anciens, ce qui est sans exemple dans les armées modernes, où la perte en tués et blessés est sans doute plus ou moins forte, mais dans une proportion d'un à trois; la grande différence entre les pertes du vainqueur et celles du vaincu n'existe surtout que par les prisonniers : ceci est encore le résultat de la nature des armes. Les armes de jet des anciens faisaient en général peu de mal; les armées s'abordaient tout d'abord à l'arme blanche; il était donc naturel que le vaincu perdît beaucoup de monde et le vainqueur très-peu. Les armées modernes, quand elles s'abordent, ne le font qu'à la fin de l'action, et lorsque déjà il y a bien du sang de répandu; il n'y a point de battant ni de battu pendant les trois quarts de la journée; la perte occasionée par les armes à feu est à peu près égale des deux côtés. La cavalerie, dans ses charges, offre quelque chose d'analogue à ce qui arrivait aux armées anciennes : le vaincu perd dans une bien plus grande proportion que le vainqueur, parce que l'escadron qui lâche pied est pour-

suivi et sabré, et éprouve alors beaucoup de mal sans en faire.

Les armées anciennes se battant à l'arme blanche avaient besoin d'être composées d'hommes plus exercés; c'étaient autant de combats singuliers. Une armée composée d'hommes d'une meilleure espèce et de plus anciens soldats avait nécessairement tout l'avantage; c'est ainsi qu'un centurion de la 10ᵉ légion disait à Scipion en Afrique: *donne-moi dix de mes camarades qui sont prisonniers comme moi, fais-nous battre contre une de tes cohortes, et tu verras qui nous sommes.* Ce que ce centurion avançait était vrai: un soldat moderne qui tiendrait le même langage ne serait qu'un fanfaron. Les armées anciennes approchaient de la chevalerie. Un chevalier armé de pied en cap affrontait un bataillon.

Les deux armées à Pharsale étaient composées de Romains et d'auxiliaires, mais avec cette différence que les Romains de César étaient accoutumés aux guerres du Nord et ceux de Pompée aux guerres de l'Asie.

6. Cette campagne de César, qui le rendit maître du monde, a duré dix mois. La bataille de Pharsale a eu lieu un mois après la moisson, en juillet (de notre calendrier); la campagne a commencé à la mi-octobre (de notre calendrier). Pompée a été assassiné à la

fin de septembre; c'était le mois où il était né, un mois ou six semaines après la bataille. Les historiens donnent peu de renseignemens sur les dates; on sait seulement qu'Antoine n'a rejoint César qu'à la fin de l'hiver, c'est-à-dire en mars, ou, dans le calendrier d'alors, en mai; que, pendant que les deux armées étaient à Dyrrachium, les récoltes mûrissaient, que c'était par conséquent en juin de notre calendrier, ou à la fin de septembre du calendrier d'alors.

CHAPITRE DOUZIÈME.

Guerre d'Alexandrie, l'an 47 avant Jésus-Christ.

I. Opérations militaires dans Alexandrie pendant les premiers mois. — II. Combat naval. — III. Bataille sur le Nil. — IV. Observations.

I.

César mouilla dans le Port-Neuf d'Alexandrie avec dix galères, deux légions et 800 chevaux, occupa le palais royal, qui était situé vis-à-vis de l'isthme qui sépare les deux ports près du cirque et du théâtre, qui était la citadelle. Les Alexandrins murmurèrent de ce qu'il se faisait précéder par ses licteurs, ce qui était une marque de juridiction ; ils en vinrent à des voies de fait, et plusieurs Romains furent tués. Le roi Ptolomée était mineur ; l'eunuque Photin le gouvernait. Il était en guerre avec la reine Cléopâtre sa sœur, et comme le peuple romain était chargé de l'exécution du testament du feu roi, le dictateur ordonna aux deux parties de comparaître devant son tribunal et de cesser les hostilités ; l'eunuque Photin ordonna alors à l'armée du roi, qui était à Peluse, de se rendre à Alexandrie : elle était de 20,000 hommes, dont 2000 hommes de cavalerie. Achillas la commandait. Une grande partie était composée de Romains qui avaient servi dans l'armée de Gubinius. Aussitôt que César sut qu'elle approchait d'Alexandrie, il se saisit de la personne du roi et de celle du régent, et fit occuper militairement tout ce qui pouvait ajouter à sa sûreté. Achillas prit possession de toute la ville, à l'exception de ce qu'occupaient les Romains, qui se trouvèrent bientôt bloqués du côté de terre et n'avaient plus de communication que par mer. Les Alexandrins se portèrent au Port-Vieux pour s'emparer de soixante-douze galères qui s'y trouvaient ; cinquante étaient de retour de l'armée de Pompée, au secours duquel elles avaient été envoyées, vingt-deux étaient la station ordinaire d'Alexandrie : si elles tombaient en leur pouvoir c'en était fait de César, mais, après un combat fort chaud, il parvint à les brûler, et resta ainsi maître de la mer; il s'empara du phare situé à l'extrémité du Port-Neuf; il se trouva maître de toute la côte de la mer; il fixa alors son attention du côté de terre. Il avait besoin de fourrages; il s'empara de toutes les maisons qui le séparaient de la porte du milieu et communiqua librement avec le lac Mariotis, campagne d'où il tira des vivres et des fourrages. Il fit mettre à mort l'eunuque Photin. Peu de semaines après, la plus jeune des sœurs du roi, la princesse Arsinoé, s'échappa du palais, gagna le camp d'Achillas, qu'elle fit mourir et remplaça par l'eunuque Ganimède. Les Romains recevaient tous les jours des vivres, des galères et des troupes, soit des archers qui arrivaient de Crète et de Rhodes, etc., soit de la cavalerie d'Asie. César avait expédié dans l'Asie-Mineure Mithridate, homme qui lui était dévoué, pour réunir ses troupes, se mettre à leur tête, traverser la Syrie, le désert de Suez, et venir le joindre par terre à Alexandrie.

De part et d'autre on travaillait avec activité à se fortifier. Les Égyptiens avaient fermé toutes les issues par de grosses murailles crénelées, et avaient établi un grand nombre de tours à dix étages. Comme les canaux qui portaient l'eau du Nil à Alexandrie se trouvaient au pouvoir de Ganimède, il fit boucher tous ceux qui donnaient de l'eau dans la partie de la ville occupée par les Romains ; en même temps il fit élever par des machines l'eau de la mer pour gâter les citernes du quartier des Romains ; en peu de jours l'eau devint si saumâtre qu'elle ne fut plus potable ; les Romains furent alarmés ; mais ils tirèrent des eaux des fontaines qui sont près du Marabon et de la tour du phare ; ils creusèrent grand nombre de puits au bord de la mer qui leur donnèrent de l'eau douce. Dans ce temps la 37ᵉ légion, avec un grand nombre de bâtimens chargés de vivres, armes et machines, qui était partie de Rhodes, mouilla près de la tour des Arabes, à l'ouest d'Alexandrie. Le vent d'est qui règne en général dans ces parages, à cette époque de l'année, l'empêchait de gagner le port d'Alexandrie ; le convoi était compromis. César partit avec sa flotte pour le sauver, ce qui donna lieu à un combat naval dans lequel la flotte des Égyptiens perdit une galère et fut contrainte de se sauver dans le Port-Vieux. César fit défiler son convoi en triomphe devant elle, et rentra dans le Port-Neuf.

II.

Ganimède voyant l'insuffisance de ce moyen, sur lequel il avait tant compté, revint de nouveau au projet d'équiper une flotte; il fit travailler avec la plus grande activité à remettre en état dans le Port-Vieux tous les bâtimens et carcasses de galères qui s'y trouvaient; il fit découvrir les portiques des édifices publics pour en prendre les bois; il fit venir des sept bouches du Nil les bâtimens stationnaires qui les défendaient; en peu de jours il eut vingt-deux galères de quatre rangs, cinq de cinq rangs, et un grand nombre de petits bâtimens de toute grandeur, le tout monté par d'habiles matelots. César avait trente-quatre galères, savoir: neuf de Rhodes, huit de Pont, cinq de Syrie et douze d'Asie-Mineure, mais cinq seulement étaient à cinq rangs de rames, dix à quatre rangs; tout le reste était très-inférieur. Il sortit cependant du Port-Neuf, doubla le phare et vint se ranger en bataille vis-à-vis du Port-Vieux. Les galères de Rhodes formaient sa droite, celles de Pont sa gauche. A cette vue la flotte des Alexandrins appareilla. Les deux armées étaient séparées par ce rang de rochers qui ferme le Port-Vieux, et qui, sur l'espace de 6000 toises, n'offre que trois passages. L'armée qui s'engagerait dans ces parages affronterait un grand danger et offrirait une belle occasion à son ennemi. Luphranar, amiral des galères de Rhodes, indigné de voir l'ennemi avoir tant d'assurance, proposa et obtint d'entrer dans le Port-Vieux; il se dirigea par le passage du milieu avec quatre galères; le combat devint terrible; les Alexandrins furent battus; ils perdirent une galère à cinq rangs et une à deux rangs; le reste de leur flotte se sauva le long des quartiers de la ville, sous la protection des jetées et des hommes de trait placés sur les toits des maisons.

Les Romains occupaient la tour du phare, mais non pas toute l'île; ils s'en emparèrent après un combat opiniâtre, pillèrent le gros bourg qu'elle contenait et firent 600 prisonniers; mais les Alexandrins restèrent maîtres du château qui forme la tête de pont de la jetée qui joint cette île avec la ville. César voulut enlever ce poste important, il échoua; après plusieurs tentatives où il perdit beaucoup de monde, il fut mis en déroute et ne parvint à gagner ses galères qu'à la nage; plusieurs d'elles furent submergées par le grand nombre de fuyards qui s'y réfugiaient. Cependant, quelque sensible que fût cette perte, elle n'eut pour lui aucune conséquence fâcheuse.

Le roi Ptolomée, quoique jeune, eut le talent de persuader qu'il désirait employer son pouvoir à calmer l'insurrection, et qu'il mettrait ainsi un terme à la guerre. César le mit en liberté; mais, aussitôt que cet enfant se trouva à la tête de son armée, il se servit de toute son autorité pour exciter son peuple, et démasqua une haine implacable contre les Romains. Les Alexandrins, malgré l'échec qu'ils avaient reçu, avaient ravitaillé et augmenté leur flotte. Les convois venaient par mer à César du côté de l'Asie: ils se portèrent à Canape, dans la rade d'Aboukir, pour les intercepter. L'amiral romain Néron y accourut à la tête de la flotte; il eut un vif engagement avec la flotte égyptienne, où le brave Euphranor périt avec sa galère.

III.

Il y avait huit mois que César était engagé dans cette malheureuse guerre, et rien n'annonçait qu'elle dût avoir une fin heureuse, lorsque enfin Mithridate arriva devant Peluse avec l'armée qu'il avait réunie en Asie; il s'empara d'assaut de cette place, marcha à grandes journées sur Memphis, où il arriva le septième jour; de là il descendit le Nil par la rive gauche, se porta au secours de César à Alexandrie. A cette nouvelle le roi Ptolomée partit avec son armée, s'embarqua sur le Nil et joignit le corps de son armée qui était opposé à Mithridate, à peu près à la hauteur du Delta. César, de son côté, se rendit par mer à la tour des Arabes, de là il débarqua, et, tournant le lac Narcotès, il se porta droit sur l'armée de Mithridate. Il la joignit sans combat; elle était campée le long du canal, à peu près à la hauteur d'Alkam. Ptolomée avait plusieurs fois attaqué Mithridate et avait été repoussé. César l'attaqua à son tour et le battit. Ce roi périt dans la déroute. César marcha sans s'arrêter sur Alexandrie, où il arriva en peu de jours. Cette immense ville se soumit; les habitans vinrent à la rencontre de leur vainqueur en habit de supplians, portant avec eux tout ce qu'ils avaient de plus précieux pour apaiser sa juste colère; le dictateur les rassura; il rentra dans son quartier en traversant les retranchemens ennemis au milieu des acclamations de ses troupes, qui le reçurent comme un libérateur. Il couronna reine d'Égypte la belle Cléopâtre, chassa Arsinoé, sa sœur cadette, et, laissant en Égypte toute son armée pour assurer la nouvelle autorité, il partit avec la 6ᵉ légion, composée de vétérans, et se rendit par terre en Syrie.

Ainsi se termina la guerre d'Alexandrie, qui a duré la fin de l'an 48 et une grande partie de 47.

IV.

Observations.

1. La guerre d'Alexandrie donna neuf mois de répit au parti de Pompée, releva ses espérances et le mit à même de tenir encore plusieurs campagnes, ce qui obligea l'année suivante César à faire la campagne d'Afrique, et deux ans après une nouvelle campagne en Espagne. Ces deux campagnes, où il lui fallut son génie et sa fortune pour en sortir vainqueur, n'auraient point eu lieu, si, en sortant de Pharsale, il se fût rendu de suite sur les côtes d'Afrique, y eût prévenu Caton et Scipion, ou, si se portant, comme il l'a fait, sur Alexandrie, il se fût fait suivre par quatre ou cinq légions; il ne manquait pas de bâtimens pour les porter. Au défaut de cela, il pouvait sans inconvénient se contenter de l'apparente soumission de Ptolomée, et ajourner la vengeance d'une année.

2. Les deux légions de César et le corps de cavalerie avec lesquels il entra dans Alexandrie, ne formaient que 5000 hommes; les dix galères étaient montées par 4000 hommes: c'étaient des forces bien peu considérables pour lutter contre un grand roi et soumettre une ville comme Alexandrie. Mais César eut deux bonheurs: le premier, de se saisir du palais, de la citadelle et de la tour du phare; le deuxième, de brûler la flotte des Alexandrins. Ce ne fut qu'un mois après son arrivée que l'armée égyptienne partit de Peluse et entra dans Alexandrie; peu après il reçut jusqu'à vingt-quatre galères de renfort chargées de troupes. Ainsi, tout bien considéré, il n'y a dans toute sa guerre d'Alexandrie rien de merveilleux; tous les plans que les commentateurs ont dressés pour expliquer sont faux. Alexandrie avait deux ports, comme elle les a encore aujourd'hui: le Port-Neuf, qu'occupait César et dont l'entrée est défendue par la tour du phare, et le Port-Vieux, qu'occupaient les Alexandrins; mais celui-ci est une grande rade et ne ressemble en rien au premier, qui est entouré par les quais de la ville, tandis que celui-ci forme un arc dont la corde est de 6000 toises jusqu'au Marabon; la ville d'Alexandrie ne s'étendait pas, du côté de l'ouest, au tiers de cette distance.

3. César, dans la guerre des Gaules, ne dit jamais quelle était la force de son armée ni le lieu où il se bat; ses batailles n'ont pas de nom; son continuateur est tout aussi obscur; il raconte, il est vrai, comment Mithridate prend Peluse, mais il ne dit rien de sa marche ultérieure; au contraire, il est en contradiction avec des auteurs contemporains, qui disent que de Peluse il se porta sur Memphis, dont il s'empara; après quoi il descendit sur Alexandrie par la rive droite, en descendant le Nil; qu'il fut arrêté à peu près à la hauteur d'Alkam par l'armée de Ptolomée. Le point où s'embranche dans le Nil le canal dont on voit encore les traces, serait, d'après ces renseignemens, le lieu où s'est donnée la bataille. Le commentateur appelle ce canal une rivière, mais on sait bien qu'en Égypte il n'y a pas de rivière, qu'il n'y a que des canaux. Les historiens nous laissent, selon leur usage, dans l'obscur sur l'époque à laquelle s'est livrée cette bataille. Cependant il paraît qu'elle doit avoir eu lieu à la fin de mai ou au commencement de juin; les eaux du Nil ne sont pas alors tout-à-fait basses, ce qui suppose que l'armée de Mithridate avait passé le désert au mois d'avril.

CHAPITRE TREIZIÈME.

Guerre civile. Campagne d'Illyrie, l'an 47 avant Jésus-Christ.

I. Pharnace attaque les alliés du peuple romain. — II. César bat Pharnace: *veni, vidi, vici.* — III. Affaires d'Illyrie pendant cette année. — IV. Guerre en Grèce, même année. — V. Conduite de César à Rome. — VI. Observations.

I.

Pharnace ayant été un des instrumens dont s'était servi Pompée pour se défaire de son père Mithridate, avait en récompense obtenu le Bosphore. Lorsqu'il vit l'empire romain en proie à la guerre civile, il eut l'ambition de réunir tous les États de son père. Il s'empara de la Colchide, du royaume de Pont, dont la capitale était Sinope, le séjour favori du grand Mithridate; enfin il se jeta sur la petite Arménie et la Cappadoce. Dejotarus, roi de la petite Arménie, et Ariobazzanes, roi de la Cappadoce, implorèrent le secours de Domitius, commandant en Asie. Celui-ci n'avait sous ses ordres que trois légions; obligé d'en envoyer deux à César, qui était dans Alexandrie, il ne lui en restait qu'une, la 36e. Il y joignit une légion levée à la hâte dans le royaume de Pont, et deux légions que Dejotarus avait formées à la romaine, composées de ses sujets; il réunit cette armée à Comane, ville de Cappadoce. De Comane en Arménie, on communique par une chaîne de montagnes fort boisées. Domitius suivit cette crête et assit son camp à deux lieues de Micopolis. Le lendemain il s'approcha des remparts de cette ville, et se trouva en présence de Pharnace, qui avait rangé son armée en bataille sur une seule ligne; mais ayant trois réserves, l'une derrière sa droite, l'autre derrière sa gauche et la troisième derrière son centre. Domitius, quoiqu'en présence de l'armée ennemie, continua à fortifier son camp, et quand il eut achevé, il s'y campa tranquillement. Pharnace fortifia sa droite et sa gauche par des retranchemens, désirant tirer la guerre en longueur, espérant que la nécessité où se trouvait César en

Égypte obligerait Domitius à s'affaiblir. Mais peu de jours après Domitius marcha à lui, les deux légions de Dejotarus lâchèrent pied et ne rendirent aucun combat; la légion levée dans le Pont se battit mal, la 36ᵉ soutint seule le combat; mais, cernée de tout côté, elle fut contrainte de battre en retraite. Pharnace remporta une victoire complète; il resta maître du Pont, de la petite Arménie et de la Cappadoce. Domitius se retira en toute hâte en Asie. Pharnace imita dans le Pont et dans la Cappadoce la conduite de son père; il fit massacrer tous les citoyens romains et se porta sur leurs personnes à des cruautés inouïes; il rétablit aussi l'empire de sa maison; il croyait le dictateur perdu, mais son triomphe ne dura que peu de mois.

II.

César, après la guerre d'Alexandrie, se porta en Syrie à la tête de la 6ᵉ légion, s'y embarqua pour se porter en Cilicie; il réunit à Tarse les députés d'une partie de l'Asie-Mineure. Sa présence était bien nécessaire à Rome, mais il jugea qu'il était plus urgent encore de réprimer la puissance renaissante de ce rejeton de Mithridate. Il se porta à Comane avec quatre légions, la 6ᵉ, la 36ᵉ et les deux de Dejotarus. Pharnace chercha à l'apaiser par toutes espèces de soumissions et d'offres; il s'était campé avec son armée sous les remparts de la place forte de Zicla, lieu renommé par la victoire que Mithridate, son père, avait remportée contre Triarius. César occupa un camp à cinq milles de lui, et quelques jours après il partit au milieu de la nuit et s'en rapprocha à un mille. Pharnace, à la pointe du jour, aperçut avec étonnement l'armée romaine qui se retranchait si près de lui : il n'en était séparé que par un vallon. Il rangea son armée en bataille, descendit le vallon, le remonta et attaqua l'armée de César, qui, méprisant les manœuvres de l'ennemi, avait laissé des troupes dispersées dans les ateliers; elles eurent à peine le temps de prendre leurs armes et de se mettre en ordre de bataille. La 6ᵉ légion, quoique réduite à 1200 hommes, mais tous vétérans, et qui tenait la droite, enfonça la gauche de l'ennemi, se jeta sur son centre, repoussa l'armée ennemie dans le vallon et la poursuivit l'épée dans les reins jusque dans son camp, qui fut forcé et devint la proie du vainqueur: bagage, trésor, tout fut pris; Pharnace eut à peine le temps de se sauver de sa personne. Ce prince périt dans un combat contre un de ses vassaux quelques mois après. La petite Arménie, la Cappadoce, le Pont, le Bosphore, la Colchide, furent le résultat de cette victoire. César donna à Mithridate de Pergame le Bosphore. Ce fut après cette journée de Zicla qu'il s'écria : *Heureux Pompée, voilà donc les ennemis dont la défaite vous a valu le nom de Grand.* Il écrivit à Rome : *Veni, vidi, vici.*

III.

L'Illyrie se composait de la Pannonie, de la Liburnie et de la Dalmatie : la Pannonie comprenait l'Autriche et une partie de la Hongrie, Vienne, Presbourg et Belgrade. La Liburnie comprenait l'Istrie et la Croatie; la Dalmatie s'étendait jusqu'à la Macédoine; Salone, aujourd'hui Spalatro, en était la capitale. Après la bataille de Pharsale, Octavius se porta en Illyrie avec une partie de la flotte de Pompée. Cornificius y était avec deux légions tenant pour César. Plus tard, César ayant appris que des débris de Pharsale se ralliaient dans cette province, y envoya Gabinius avec deux légions de nouvelles levées; soit que Gabinius se conduisît avec imprudence, soit que ses troupes, étant de nouvelles levées, n'eussent pas la consistance nécessaire, il fut battu par les Barbares et enfermé dans Salare, où il mourut de maladie et de chagrin. Octavius, qui était maître de la mer, profita de cet événement et soumit au parti de Pompée les trois quarts de la province. Cornificius s'y maintint avec peine. César, renfermé dans Alexandrie, ne pouvait lui donner aucun secours; mais Vatinius, qui commandait le dépôt de Brindes, ayant sous ses ordres plusieurs milliers de vétérans appartenant aux douze légions de César qui se trouvaient au dépôt, sortant des hôpitaux pour joindre leurs légions, les embarqua sur des bâtimens de transport et quelques galères, rencontra la flotte d'Octavius, la défit complètement. Octavius se retira en Sicile. César domina dans l'Adriatique, et la province d'Illyrie se soumit.

IV.

Calenus, lieutenant de César, assiégea Athènes, qui tenait pour Pompée, s'en empara après une vive résistance. César fit grâce aux habitans de cette ville et dit à leurs députés: *Faudra-t-il donc que, dignes de périr, vous deviez toujours votre salut à la mémoire de vos ancêtres?* Mégare soutint un siége plus obstiné. Quand les habitans se virent poussés à bout, ils lâchèrent des lions que Cassius avait réunis dans cette ville pour être transportés à Rome, et servir aux combats qu'il devait donner au peuple ; mais ces bêtes féroces se jetèrent sur les habitans et en dévorèrent plusieurs de la manière la plus horrible. Les habitans de Mégare furent faits esclaves et vendus à l'encan. Un lieutenant de Pompée avait muré l'isthme de Corinthe, ce qui empêcha Calenus d'entrer dans le Péloponèse ; mais, après la bataille de Pharsale cet obstacle étant levé, Calenus s'empara de cette province, et, à son arrivée à Patras, Caton, qui s'y trouvait avec la flotte de Pompée, abandonna la Grèce.

V.

Le lendemain de la bataille de Zicla, César partit avec une escorte de cavalerie pour se rendre en toute diligence à Rome, où sa présence était nécessaire. La bataille de Pharsale n'avait produit aucun changement dans cette métropole, qui lui était soumise depuis le commencement de la guerre civile. Le consul l'avait nommé dictateur comme il était dans Alexandrie, et Antoine son maître de cavalerie ; de sorte que, pendant l'an 47, il n'y eut point d'autres magistrats que le dictateur et son maître de cavalerie ; celui-ci, qui était à Rome revêtu du pouvoir souverain, se livra à toutes espèces de débauches, scandalisa les citoyens par ses mœurs, et les opprima par ses rapines. Un jeune tribun du peuple, Dolabella, amoureux des nouveautés, cherchant la renommée, et lui-même criblé de dettes, proposa au peuple une loi pour l'abolition de toutes les dettes, ce qui, selon l'usage ordinaire, mit en combustion toute la république. D'un autre côté, les vieilles bandes victorieuses des Gaules, mécontentes des retards qu'elles éprouvaient pour recevoir les récompenses qui leur étaient promises, se révoltèrent. La deuxième légion refusa de se rendre en Sicile; toutes refusèrent de marcher. Mais César entra dans Rome pour se rendre le menu peuple favorable. Il fit une loi qui donnait la remise d'une année de loyer à tous les citoyens qui payaient moins de 250 francs; il remit les arrérages ou intérêts des dettes depuis le commencement des guerres civiles. Il fit vendre tous les biens de ses ennemis; il employa tous ce qui pouvait lui procurer de l'argent; les biens même de Pompée furent vendus à l'encan; Antoine les acheta; il prétendait s'exempter d'en payer le montant, ce qui excita un moment le mécontentement du dictateur. L'arrivée de César calma la fermentation des légions; mais, peu après, elles se mutinèrent avec plus de fureur; tous les officiers qui se voulurent entremettre furent mis à mort, et par un mouvement spontané, elles arrachèrent leurs aigles et se mirent en route sur la capitale, menaçant par leurs propos César même. Celui-ci fit fermer les portes de la ville; mais, lorsque les séditieux furent arrivés au Champ-de-Mars, il sortit et monta sévèrement sur sa tribune, leur demandant durement ce qu'ils voulaient. Nous sommes couverts de blessures, lui répondirent-ils; *il y a assez long-temps que nous courons le monde et que nous versons notre sang, nous voulons notre congé.* Il leur répondit laconiquement : *Je vous l'accorde.* Il ajouta peu après, qu'il allait partir sous peu de semaines, et que, lorsqu'il aurait triomphé avec de nouveaux soldats, il leur donnerait encore ce qu'il leur avait promis. Il se levait et allait les quitter ainsi; mais ses lieutenans le sollicitèrent d'adresser quelques paroles de douceur à ces vieux compagnons avec qui il avait acquis tant de gloire et surmonté tant de dangers: César se rassit et leur dit: *Citoyens,* contre son usage, qui était de les appeler soldats ou compagnons. Un murmure s'éleva dans tout le camp. *Nous ne sommes point des citoyens, nous sommes des soldats.* Enfin le résultat de cette scène touchante fut d'obtenir de continuer leur service. César leur pardonna, hormis à la 10° légion; mais celle-ci s'obstina, suivit César en Afrique, soi-disant sans en avoir reçu un ordre positif.

VI.

Observations.

1. Les succès de Pharnace contre Domitius font connaître quelle était la différence des bonnes ou mauvaises troupes. Trois légions ne résistent pas un moment contre des Barbares, et une seule parvient à faire sa retraite sans perte.

2. La conduite de la 6ᵉ légion à la bataille de Zicla, qui enfonce tout devant elle, quoique composée de 1200 vétérans seulement, fait voir de quelle influence est une poignée de braves: cette influence était plus marquée chez les anciens, tout comme chez les modernes elle est plus marquée dans la cavalerie que dans l'infanterie.

3. La victoire navale de Vatinius avec des vaisseaux de charge, contre Octavius, qui commandait des galères, est remarquable; les batailles navales n'étaient que des combats de pied ferme, et les vétérans romains, les plus braves de tous les hommes, l'épée à la main, étaient presque toujours assurés de vaincre sur terre comme sur mer. Les armes à feu, qui ont produit une si grande révolution sur terre, en ont

fait une très-grande dans la marine; les batailles s'y décident à coups de canon, et comme l'effet du canon dépend de la position qu'il occupe, l'art de manœuvrer et de prendre cette position décide des batailles navales. Les troupes les plus intrépides ne peuvent rien dans un genre de combat où il est presque impossible de s'aborder; la victoire est décidée par deux cents bouches à feu, qui désemparent, brisent les manœuvres, coupent les mâts et vomissent la mort de loin. La tactique navale a donc acquis une toute autre importance. Les combats de mer n'ont rien de commun avec les combats de terre; l'art du canonnier est soumis à l'art de la manœuvre qui remue le vaisseau, donne aux batteries des positions d'enfilade, ou le présente aux boulets de la manière la plus avantageuse. Si, à cette tactique particulière de chaque vaisseau, vous joignez le principe de tactique générale que tout vaisseau doit manœuvrer de la manière la plus convenable dans la position, dans la circonstance où il se trouve pour attaquer un vaisseau ennemi, lui lâcher le plus de boulets possible, vous aurez le secret des victoires navales.

Les galères étaient des bateaux à rames fort longs, ayant peu de mâture et peu de voiles, n'étant pas propres à tenir le vent, et ne pouvant ni bloquer ni croiser: la supériorité sur mer ne donnait pas les mêmes avantages qu'elle donne aujourd'hui; elle n'empêchait pas de traverser les mers, soit l'Adriatique, soit la Méditerranée. César, Antoine, passent l'Adriatique de Brindes en Épire, devant des flottes supérieures; César passe en Afrique de Sicile, et quoique Pompée eût été presque constamment maître de la mer, il n'en tira que peu d'avantages. Ce n'est pas de la marine des anciens qu'il eût fallu dire: *Le trident de Neptune est le sceptre du monde,* maxime qui est vraie aujourd'hui.

CHAPITRE QUATORZIÈME.

Guerre civile. Campagne d'Afrique, l'an 46 avant Jésus-Christ.

I. Opérations de Curion en Afrique pendant l'an 49. — II. Le parti de Pompée se rallie pendant l'an 49, 48 et 47 en Afrique. — III. Opérations de César pendant janvier. — IV. Opérations jusqu'à la réunion de son armée. — V. Bataille de Thapsus (4 avril). — VI. Observations.

I.

Après la prise de Corfinium, César forma deux légions des troupes de Domitius; il en donna le commandement à Curion et lui confia le gouvernement de la Sicile et de l'Afrique; il s'embarqua avec deux légions et 500 chevaux, escorté par dix galères; il resta deux jours et trois nuits à la mer, et il aborda en Afrique au mois de juin de l'an 49, au port d'Aquilaria, à sept lieues de Clapée (cap Bon), dans une bonne rade foraine située entre deux caps ; il y débarqua, se mit en marche, et le troisième jour il arriva sur la rivière du Bagrades (aujourd'hui Magreda), qui se jette dans la mer entre Utique et Carthage; ces deux villes sont éloignées de trois lieues; le camp de Scipion était situé entre elles, à l'embouchure de ce fleuve, sur un rocher très-escarpé qui commande la mer, allant en pente douce du côté d'Utique, dont il n'était éloigné que d'un mille. Varus, qui commandait pour Pompée, était campé sous les murs d'Utique; une de ses ailes était couverte par la ville, l'autre par un grand théâtre bâti en avant. Deux cents vaisseaux marchands étaient mouillés dans le port; Curion leur fit ordonner, sous peine d'être regardés comme ennemis, de se rendre devant le camp de Scipion; ce qu'ils firent sur-le-champ. Le lendemain, il campa près d'Utique; il était encore à retrancher son camp, lorsque l'avant-garde du roi Juba parut, ce qui donna lieu à un engagement où ce prince fit une perte considérable. Les deux armées restèrent ainsi en présence pendant plusieurs jours, s'occupant de part et d'autre à chercher à suborner les soldats du parti opposé. Mais enfin, dans le courant de septembre elles en vinrent aux mains; Varus fut repoussé et perdit 2000 hommes; il abandonna son camp et se réfugia derrière les remparts de la ville, que Curion investit. Dans ce temps arrivèrent les nouvelles d'Espagne qui annonçaient les grands succès que César venait d'obtenir contre Afranius. Cependant le roi Juba se mit en marche avec une armée considérable pour dégager Utique. On conseilla à Curion de prendre position au camp de Scipion et d'attendre l'arrivée des deux légions qui étaient en Sicile. Il se rendit à ce parti; mais comme il se mettait en marche, il eut avis que Juba était retourné dans son royaume, et que Sabura seul s'approchait avec une partie de l'armée; cela le décida à marcher à lui. La cavalerie des deux armées se rencontra sur la rivière de Magreda; l'engagement fut vif; celle de Sabura fut battue, son camp surpris; il perdit beaucoup de monde; mais Juba était derrière; Curion continuant pendant cinq lieues à suivre son ennemi, fut arrêté par la cavalerie de l'armée du roi, qui attaqua des troupes fatiguées. Après une bataille très-opiniâtre, Curion fut cerné par la cavalerie numide; voyant la bataille perdue, il chercha à gagner les montagnes, mais il ne le put : toute son armée fut massacrée; il resta lui-même mort sur le champ de bataille. Rufus, qu'il avait laissé avec cinq cohortes à la garde du camp, donna l'ordre de s'embarquer pour gagner la Sicile; mais une terreur panique s'empara des matelots, la flotte gagna le large et les cinq cohortes furent massacrées.

II.

Pendant les années 48 et 47, l'Afrique resta au pouvoir et sous les ordres de Varus, lieutenant de Pompée. Les anciens divisaient l'Afrique en huit contrées : 1° La Mauritanie tringitane, qui s'étendait depuis les côtes de l'Océan, vis-à-vis des Canaries, jusqu'à celles de la Méditerranée, vis-à-vis de Malaga : c'était la patrie de Syphax; elle était appelée le royaume de Bogud : c'est aujourd'hui le royaume de Maroc et de Fez ; 2° La Mauritanie césarienne, qui est le pays actuel d'Alger; 3° l'Afrique proprement dite, qui comprenait la Numidie, les États de Carthage : c'est aujourd'hui Constantine et les États de Tunis et de Tripoli; elle s'étendait jusqu'à la grande Syrte. Depuis la prise de Carthage, les Romains tenaient un préteur à Utique; ils ne pénétrèrent en Mauritanie que sous Claude. 4° La Cyrénaïque est le pays actuel de Derne, qui comprenait la Pentapole. La ville de Cyrène a été bâtie par les Lacédémoniens. Ce pays a été puissant. Les habitans eurent des démêlés avec Carthage, au temps de sa grandeur, pour les limites qui furent placées aux Philènes, où étaient deux autels. 5° La Marmarique finissait à la ville de Catabathmus, où commence une vallée profonde qui va en Égypte, qui a été jadis arrosée par les eaux du Nil; 6° l'Égypte, 7° la Libye, 8° l'Étiopie. Juba régnait en Numidie; il était attaché à Pompée. Scipion mena en Afrique les débris de l'armée de Pharsale; Labienus s'y rendit de son côté. Caton commandait à Dyrrachium pendant la bataille de Pharsale; il se retira après avec la flotte à Cyrène, de là, avec 10,000 hommes, il traversa par terre le désert de la grande Syrte; il lui fallut trente jours. Il fit porter l'eau sur des ânes. Il hiverna à Leptis, ville très-riche, y joignit Scipion, Varus, Labienus et les fils de Pompée. Juba affectait la suprématie sur eux. Caton se contenta du gouvernement d'Utique; Scipion, qui était consulaire, fut reconnu comme le général. Il y avait, en 47, dix légions, beaucoup de cavalerie et des troupes légères. Juba avait quatre légions armées à la romaine et de la cavalerie numide sans frein. Ces forces étaient tellement redoutables, que les ennemis de César en Italie attendaient Scipion à Rome; il était maître de la mer; sa flotte était très-considérable. Trois années avaient fait oublier les désastres de Pharsale; les destins du monde pouvaient encore changer; mais Scipion était sans talent et n'avait pour lui qu'un nom illustre.

III.

César se réveilla au bruit du danger; il quitta Rome, passa en Sicile, campa si près des bords de la mer que l'eau mouillait sa tente, s'embarqua avec six légions et 2000 hommes de cavalerie, mit à la voile le 27 septembre (7 octobre de notre calendrier). Après trois jours de navigation, il atteignit le cap de Mercure (cap Bon); il mouilla le lendemain sur les plages de Ruspina, près d'Adrumette, qui avait une garnison de Scipion; il resta plusieurs jours à la mer pour rallier son convoi dispersé par un coup de vent, qui n'avait pu doubler le cap Bon et errait à l'aventure le long des côtes d'Afrique; lorsqu'il débarqua, il n'avait avec lui que 4000 hommes; il se campa près de la petite ville de Ruspina. Ce fut sur cette même plage qu'Annibal, de retour d'Italie, aborda pour se porter à Zama; c'est près des plages de Clypea, au cap Bon, que débarqua Régulus dans la seconde guerre punique. Ruspina est à quarante lieues d'Utique et à vingt lieues au sud du cap Bon. César fit le tour des murailles d'Adrumette; il n'avait pas assez de forces pour bloquer cette ville. Scipion était à Utique avec son armée; sentant le danger de sa position, il descendit au sud pour s'éloigner de lui. La ville libre de Leptis lui ouvrit ses portes; il s'empara de l'île de Cercin, qui lui fournit des blés. Plusieurs châteaux et plusieurs villes, au bruit de son arrivée, se soumirent; c'étaient de faibles avantages, qui ne pouvaient dominer ses inquiétudes. Tout son convoi errait en danger d'être pris par les nombreuses flottes de l'ennemi; il se trouvait exposé avec une poignée de monde à tout ce que Scipion voudrait faire. Dans cette critique position, il prit un parti extrême, mais conforme à l'état de ses affaires : il plaça ses troupes en garnison à Leptis et à Ruspina, et s'embarqua avec sept cohortes pour éviter Labienus, qui marchait sur lui, et voulait essayer de rallier sa flotte ou aller chercher le reste de son armée en Sicile. Il passa toute la nuit embarqué; mais à la pointe du jour, lorsqu'il donnait l'ordre de lever l'ancre, on signala une partie de son convoi, celle dont il était le plus inquiet; il débarqua alors et se porta à son camp devant Ruspina, qu'il fortifia : il en sortit le surlendemain avec trente cohortes pour ramasser des vivres ; mais il ne tarda pas à se trouver en présence de Labienus, qui l'attaqua avec des forces considérables, savoir : 1600 chevaux gaulois, 8000 Numides et 30,000 hommes d'infanterie. La journée fut chaude et critique ; César fut cerné par la cavalerie ennemie ; mais il perça le centre de Labienus, ce qui lui permit de rejoindre son camp, quoique poursuivi par les Numides, et non sans avoir couru de grands dangers. Ce combat eut lieu le 4 janvier (14 octobre de notre calendrier), huit ou neuf jours après le départ de Sicile. Cependant, aussitôt que Scipion avait appris l'arrivée de César à Ruspina, il avait réuni toute son armée sur Utique ; il avait suivi Labienus et le rejoignit peu de jours après le combat, et se campa avec toute son armée près d'Adrumette. César se trouva bloqué dans son camp ; ses fourrageurs ne pouvaient plus sortir. Les cavaliers nourrissaient leurs chevaux avec de l'algue marine, qu'ils faisaient détremper dans l'eau douce. Il était à craindre que Scipion ne le coupât de la mer ; le camp en était éloigné d'une demi-lieue. César couvrit ses communications de retranchemens et de tours jusqu'au rivage ; il fit débarquer les équipages de la flotte, dont il se servit comme d'archers et d'hommes de trait, pour le service des machines dont il couvrit ses retranchemens, auxquels il travailla avec la plus grande activité. Scipion, fier de sa grande supériorité, lui offrait tous les jours la bataille. Les Gétules, qui étaient nombreux dans l'armée de Scipion, et qui conservaient les sentimens de la plus vive reconnaissance pour Marius, étaient affectionnés à César, qui était son parent, et qui marchait à la tête du parti populaire ; ils désertaient fréquemment et se rendaient à César. La ville d'Acilla, située au sud de Ruspina, se donna à lui ; la petite ville de Cairoan mit à sa disposition un magasin de 300,000 boisseaux de blé. Tout cela ne remédiait pas à sa position, lorsque son second convoi parti de Sicile, sur lequel étaient embarquées les 13ᵉ et 14ᵉ légions, 1000 hommes de trait et 800 cavaliers gaulois, mouilla sur la plage vis-à-vis de son camp, après quatre jours de navigation. Un secours aussi important changea l'état des choses. On était à la fin de janvier ; il avait nouvelle que la plus grande partie des bâtimens avec lesquels il était parti erraient encore battus au gré des vents, mais qu'aucun de ces bâtimens n'était tombé au pouvoir des ennemis.

IV.

Peu de jours après l'arrivée de ses renforts, César sortit de son camp, longea la mer au sud, traversa une plaine de quinze milles et se campa près de Scipion, qui occupait les hauteurs; sa cavalerie eut un engagement avec celle de Labienus, où il eut l'avantage. Scipion attendant chaque jour l'arrivée de Juba, refusa une bataille et s'enferma dans son camp; il tirait ses vivres et une partie de son eau de la ville d'Uzita. César approcha de cette ville par des retranchemens qu'il poussa jusqu'à une portée de trait des remparts. Cependant le roi Juba arriva avec trois légions, une grande quantité de cavalerie sans frein et 800 chevaux réguliers. Dès le lendemain Scipion sortit de son camp, rangea son armée derrière soixante éléphans. Voyant que César s'approchait toujours par des retranchemens de la ville d'Uzita, Labienus se mit en embuscade dans un vallon qu'il fallait traverser pour arriver à une colline que César voulait occuper. Il y eut encore là un engagement assez vif, d'où César sortit vainqueur. L'eau était très-rare, et en approchant ses retranchemens d'Uzita, César avait l'avantage de pouvoir profiter de plusieurs puits qui lui furent d'un grand secours. Diverses escarmouches avaient lieu tous les jours autour d'Uzita, lorsqu'enfin les 9e et 10e légions arrivèrent de Sicile. Ce renfort n'empêcha pas Scipion de présenter la bataille. Les deux armées sortirent de leur camp. La gauche de Scipion s'appuyait à la ville d'Uzita, dont il renforça la garnison, afin d'inquiéter la droite de son ennemi, qui y était appuyée. L'armée de César était composée de dix légions. Les deux armées restèrent toute la journée à deux cents toises l'une de l'autre sans en venir aux mains.

Varus sortit enfin d'Utique à la tête de cinquante-cinq vaisseaux, afin d'intercepter les convois de Sicile et d'Italie. Les quarante galères de César étaient devant Thapsus; treize s'étaient séparées et mouillaient près de Leptis; elles furent prises et incendiées par Varus. Aussitôt que César apprit cette nouvelle, il partit de son camp, qui était à deux lieues de Leptis, monta sur un brigantin, joignit le gros de sa flotte, poursuivit Varus et le força de se réfugier dans Adrumette; il lui prit plusieurs galères et lui brûla tous ses transports. Comme les subsistances étaient difficiles, César, pour s'en procurer, fit partir deux légions avec la cavalerie, qui se portèrent dans la nuit à dix milles, trouvèrent des fosses chargées de blé, qu'ils transportèrent au camp; mais tous ces moyens étaient insuffisans. Il leva son camp d'Uzita à trois heures du matin, se porta sur la ville d'Agar; Scipion le suivit et campa en trois camps à deux lieues de César, qui éprouvait un grand besoin de blé: il n'hésita pas à faire une marche de flanc de six lieues pour se porter à Zerbi, où Scipion avait réuni des magasins. Il réussit à s'emparer de la ville; mais à son retour il fut vivement attaqué et eut beaucoup de peine à gagner son camp, ce qu'il ne fit que fort tard dans la nuit. Labienus avait adopté la manière de se battre numide; sa cavalerie était beaucoup plus nombreuse, ses armés à la légère et ses hommes de trait étaient très-braves et très-adroits; ils accablèrent les légionnaires de traits; lorsque ceux-ci, impatientés, s'avançaient au pas de charge, ils se dispersaient sur-le-champ, s'éloignaient en toute hâte et revenaient aussitôt que le légionnaire avait pris son rang; la cavalerie de César n'osait se commettre contre celle de l'ennemi, qui l'entourait d'un grand nombre d'hommes de trait qui tuaient les chevaux. Cette manière de faire la guerre était inquiétante: si les légions de l'ennemi étaient aussi bonnes que son infanterie légère, le succès de cette guerre serait chanceux et la victoire difficile.

Scipion et Juba avaient aussi un grand nombre d'éléphans, ce qui ne laissait pas de faire impression sur l'esprit du soldat. César fit venir des éléphans d'Italie et familiarisa son armée à la vue de ce monstreux animal, lui enseignant le lieu où il fallait les frapper. Les soldats comparaient la guerre qu'ils soutenaient à celle des Gaules, où ils avaient à faire à un ennemi brave, mais franc; ici, au contraire, ils étaient toujours en danger de tomber dans quelques embuscades.

Le 21 mars (12 janvier de notre calendrier), César fit la revue de son armée; jamais il n'en avait eu de plus belle et de plus nombreuse; 6000 hommes des dépôts d'Italie, composés de vétérans qui étaient restés malades, étaient venus le joindre. Il sortit à huit lieues de son camp pour présenter la bataille à Scipion, qui à son tour la refusa. Voulant cependant en venir à un engagement général, le défaut de vivres, la difficulté de l'eau, la manière de faire cette petite guerre et l'esprit de ruse de son ennemi lui étaient également à charge. Il partit le 4 avril (14 janvier de notre calendrier) de son camp d'Agar; à trois heures du matin, il arriva devant Thapsus, qu'il investit. Thapsus était une ville de la plus haute importance pour Scipion; il résolut de tout risquer pour la secourir. Il suivit César par les hauteurs et établit deux camps, à trois lieues du sien en avant de Thapsus. Il y avait des salines éloignées de 1200 toises de la mer: Scipion essaya d'y pénétrer pour secourir la ville, mais César y avait pourvu en y faisant construire un fort. Scipion campa à 1200 toises des lignes de César et du fort, et commença les travaux pour retrancher son camp. Aussitôt que César en eut avis, il se mit en marche, voyant l'occasion favorable pour finir la guerre par une bataille décisive. L'armée de Scipion était rangée en bataille à la tête des retranchemens qu'il commençait à élever; les éléphans étaient sur les deux ailes. César rangea son armée sur trois lignes: la 10ᵉ légion et la 2ᵉ tenaient la droite: la 8ᵉ et la 9ᵉ tenaient la gauche; cinq légions étaient au centre: il mêla son infanterie légère avec sa cavalerie; il réunit deux corps, chacun de cinq cohortes d'élite, auxquels il joignit beaucoup d'hommes de trait, qu'il chargea spécialement d'attaquer les éléphans.

V.

A la vue de l'armée ennemie, celle de Scipion témoigna de l'étonnement. César, de son côté, trouva qu'elle était dans une position formidable. Ces soixante-quatre éléphans surmontés de tours, qui protégeaient ses ailes, sa nombreuse cavalerie, cette nuée de gens de trait dont il avait éprouvé la bravoure et l'adresse; le voisinage de sa ligne de bataille, de son camp déjà couvert de retranchemens, tout cela lui en imposait. Il tarda à donner le signal; on l'entendit s'écrier : *Cette manœuvre d'attaque ne me plaît point.* Mais ses troupes, pleines du sentiment de leur supériorité, ne partagèrent point son hésitation : *En avant!* s'écria la 10ᵉ légion, en contraignant le trompette de sonner la charge; en même temps toute la droite s'ébranla malgré toutes les représentations de leurs officiers. César alors monta à cheval, donna pour mot d'ordre, *bonheur*, et marcha droit à l'ennemi. Les deux corps chargés d'attaquer les éléphans commencèrent l'action; ils les accablèrent de traits. Irrités par le sifflement des pierres et des flèches, ces animaux firent volte-face et se tournèrent contre leur propre armée, et foulèrent aux pieds leurs légions, qui étaient serrées, se dirigeant en toute hâte sur le camp, dont ils encombrèrent les portes. La cavalerie maure, qui avait compté sur l'appui des éléphans, déconcertée par cet événement inattendu, lâcha le pied. En peu d'heures l'armée de Scipion et de Juba fut mise en déroute, et ses trois camps successivement enlevés. Les fuyards se dirigèrent sur le camp qu'ils avaient quitté la veille; mais, poursuivis par le vainqueur l'épée dans les reins, ils furent cernés sur une hauteur : ils implorèrent la clémence de leur vainqueur, mais vainement; les vétérans, transportés de fureur, les passèrent tous au fil de l'épée; le carnage continua malgré les ordres et les prières de leur général, qui non-seulement ne put sauver les vaincus, mais même voulut vainement protéger plusieurs citoyens romains qui étaient dans son camp, et contre lesquels l'opinion de l'armée était prononcée. Dix mille hommes restèrent sur le champ de bataille; César perdit cinquante hommes. Le lendemain celui-ci somma la ville de Thapsus, en faisant défiler sous ses murailles les soixante-quatre éléphans armés de tours qui étaient le trophée de sa victoire; mais ce fut vainement: il laissa alors trois légions pour en faire le siége, et se porta de sa personne sur Utique. Caton commandait dans cette grande ville. Aussitôt qu'il apprit la perte de la bataille, il mit tout en œuvre pour engager les habitans à se défendre, mais ils étaient portés d'affection pour César. Tout ce qu'il put obtenir d'eux, fut qu'ils protégeraient le départ de ce qu'il y avait de fuyards attachés au parti de Pompée qui se dirigeaient sur l'Espagne; quant à lui, il se donna la mort, en se passant son épée au travers du corps. Juba se présenta avec quelques fuyards devant Zamora, sa capitale; lès habitans lui en fermèrent les portes; il se retira à sa maison de campagne, où il se donna la mort. Scipion s'était embarqué avec quelques galères; il cinglait pour l'Espagne, mais, arrêté par la flotte de César à la hauteur de Bon, il périt dans le combat. De devant Thapsus, César se porta devant Adrumette, dont il s'empara sans coup férir; il y trouva le trésor de Scipion; de là il fit son entrée dans Utique aux flambeaux. Il reçut le lendemain la nouvelle que Thapsus s'était rendu. Il partit le surlendemain pour Zamora, réduisit les états de Juba en province romaine, retourna à Utique, imposa des contributions à plusieurs villes, pourvut au gouvernement du pays, partit le 13 juin (23 mars de notre calendrier) d'Utique, débarqua à Cagliari, après trois jours de navigation, en partit le 29 juin, et arriva à Rome dans le courant de juillet (avril de notre calendrier), ayant terminé cette guerre importante en moins de six mois.

VI.

Observations.

1. L'écrivain de la guerre civile prétend que César n'avait point indiqué de rendez-vous à sa flotte en partant de Sicile: il en fournit pour raison qu'il

ignorait quel point des côtes d'Afrique leur donner qui fût à l'abri des flottes ennemies. Cette assertion est si absurde qu'elle ne mérite aucune réfutation.

Ce n'est point la seule preuve d'ineptie que l'on trouve dans l'histoire des guerres civiles, qui sont écrites par un homme aussi médiocre que l'histoire de la guerre des Gaules est écrite par un homme supérieur. Scipion était à Utique ; il était maître de toute la côte du nord jusqu'aux états du roi Juba. Le rendez-vous qu'a donné César à son armée a été les côtes du sud du cap Bon jusqu'à la grande Syrte ; toute cette côte était exempte d'ennemis, et dans une saison où il n'était pas possible aux escadres ennemies de maintenir leurs croisières ; mais sa flotte fut dispersée par un coup de vent et jetée ensuite au nord du cap Bon, et ne se rallia insensiblement que plus tard et peu à peu.

2. Pendant tout janvier sa position était fort critique et il n'a dû son salut qu'aux fortifications de son camp et à l'impuissance des armes offensives anciennes pour forcer des retranchemens, ressources que n'aurait pas un général moderne.

3. Quatre jours après son débarquement, n'ayant encore que peu de monde réuni, il laissa garnison dans les deux seules villes qu'il avait sur la côte, et pour éviter Labienus il reprit la mer avec ses

cohortes, lorsqu'une grande partie de son convoi le rallia.

4. Dans un combat qu'il soutint quelques jours après, il eut évidemment le dessous, quoi qu'en dise l'historien des guerres civiles. La manière de combattre de Labienus fut celle que les Parthes avaient employée contre Crassus, d'attaquer les légions, non avec des armes de main, genre de combat où elles étaient invincibles, mais avec une grande quantité d'armes de jet: adroits, dispos, aussi braves qu'intelligens, sachant se soustraire à la poursuite du pesamment armé, mais retournant l'accabler de ses traits aussitôt qu'il avait pris son rang dans la légion. Quelque imparfaites que fussent alors les armes de jet, en comparaison de celles des modernes, lorsqu'elles étaient exercées de cette manière, elles obtenaient constamment l'avantage.

5. L'armée de César était réunie dans le mois de mars; il tarda trop long-temps à donner la bataille: il parut se méfier de son destin; il augura défavorablement de plusieurs rencontres difficiles où il s'était trouvé engagé; mais cela ne concluait rien pour la bataille générale, et les légions de Scipion et de Juba étaient, dans une journée décisive, trop inférieures aux siennes pour pouvoir leur tenir tête.

6. La conduite de Caton a été approuvée par ses

contemporains et admirée par l'histoire; mais à qui sa mort fut-elle utile? à César; à qui fit-elle plaisir? à César; et à qui fut-elle funeste? à Rome, à son parti. Mais, dirait-on, il préféra se donner la mort à fléchir devant César : mais qui l'obligeait à fléchir? pourquoi ne suivit-il pas ou la cavalerie ou ceux de son parti qui s'embarquèrent dans le port d'Utique? Ils rallièrent le parti en Espagne. De quelle influence n'eussent point été son nom, ses conseils et sa présence au milieu des dix légions qui, l'année suivante, balancèrent les destinées sur le champ de bataille de Munda! Après cette défaite même, qui l'eût empêché de suivre sur mer le jeune Pompée, qui survécut à César et maintint avec gloire encore long-temps les aigles de la république? Cassius et Brutus, neveu et élève de Caton, se tuèrent sur le champ de bataille de Philippes. Cassius se tua lorsque Brutus était vainqueur; par un mal-entendu, par ces actions désespérées inspirées par un faux courage et de fausses idées de grandeur, ils donnèrent la victoire au triumvirat. Marius, abandonné par la fortune, fut plus grand qu'elle: exclu du milieu des mers, il se cacha dans les marais de Minturnes; sa constance fut récompensée; il rentra dans Rome et fut une septième fois consul : vieux, cassé et arrivé au plus haut point de prospérité, il se donna la mort pour échapper aux vicissitudes du sort. Mais lorsque son parti était triomphant, si le livre du destin avait été présenté à Caton et qu'il y eût vu que dans quatre ans César, percé de vingt-trois coups de poignards, tomberait dans le sénat aux pieds de la statue de Pompée, que Cicéron y occuperait encore la tribune aux harangues et y ferait retentir les Philippiques contre Antoine, Caton se fût-il percé le sein...? Non, il se tua par dépit, par désespoir. Sa mort fut la faiblesse d'une grande âme, l'erreur d'un stoïcien, une tache dans sa vie.

CHAPITRE QUINZIÈME.

Guerre civile. Campagne d'Espagne, l'an 45 avant Jésus-Christ.

I. Affaires d'Espagne pendant l'an 48, 47 et 46. — II. Le jeune Pompée soulève les Espagnes; il y réunit une grosse armée. — III. César passe les Pyrénées. Bataille de Munda. — IV. Observations.

Les Grecs nommaient l'Espagne Ibérie; ils l'appelaient aussi Hespérie, parce qu'elle se trouvait, par rapport à eux, au couchant. Les Carthaginois entrèrent en Espagne par Cadix, Malaga et Carthagènes. Les Romains la divisèrent en trois parties: 1° la Bétique, 2° la Lusitanie, 3° la Tarragonaise. La Bétique avait au nord la Guadiana, au midi la Méditerranée et l'Océan, au levant la Tarragonaise: ce sont aujourd'hui les provinces de l'Estramadure, de l'Andalousie, de Grenade et de Malaga; on y comptait deux cents villes. La Lusitanie s'étendait depuis la Guadiana jusqu'au Duero; c'est aujourd'hui le Portugal. La Tarragonaise comprenait le royaume de Murcie, de Valence, l'Arragon, la Catalogne, la Navarre, les Asturies, le royaume de Léon, la Galice et une partie de la vieille Castille.

I.

En quittant l'Espagne, après l'avoir conquise, à la fin de l'an 49, César y avait laissé comme propréteur, Cassius Longinus, homme avide et corrompu, qui avait malversé dans la place de questeur qu'il avait précédemment occupée dans cette même province; il indisposa l'esprit des naturels du pays, qui, de concert avec une partie des troupes, conspirèrent contre lui; il fut frappé de deux coups de poignard, mais il y survécut, rallia une partie des troupes et fit mettre à mort les conjurés. Le roi Bogud traversa les mers, et des bords de la Mauritanie vint au secours de Cassius. Lépidus, qui commandait pour César dans la Tarragonaise, passa les montagnes, et se porta dans le Bétis, avec trente-six cohortes, au secours de son collègue. D'un autre côté, le questeur Marcellus se mit à la tête du parti opposé à Cassius, et le rallia à César.

II.

César, après Pharsale, renvoya Trébonius dans le gouvernement des Espagnes, pour rétablir l'ordre en qualité de proconsul; Cassius s'embarqua, remonta les côtes d'Espagne, fit naufrage à l'embouchure de l'Èbre, et périt avec ses richesses, fruit de ses rapines. Mais peu de mois après, le fils aîné de Pompée débarqua en Espagne, chassa Trébonius. Après la défaite de Scipion, en Afrique, Sextus Pompée, son frère, Labienus et Varus, le joignirent avec les débris de l'armée d'Afrique, ce qui le mit à même de former treize légions. Il devenait de la plus haute importance de ne point laisser accroître une armée déjà si redoutable. César partit de Rome, arriva en vingt-trois jours sur les bords du Bétis, au moment où le jeune Pompée assiégeait la ville d'Ulia, la seule qui tînt encore contre lui dans toute la Bétique. César secourut cette place, s'avança vers Cordoue; Sextus Pompée, qui y commandait, effrayé, appela son frère à son secours, qui accourut en levant le siége d'Ulia. L'année 46 se termina sur ces entrefaites.

III.

Dans le commencement de 45, César assiégea Alegua, qui ouvrit ses portes dans les premiers jours de février (novembre de notre calendrier); il désirait terminer la guerre par une grande bataille. Après diverses manœuvres, le jeune Pompée, reculant toujours pour l'éviter, se trouva enfin acculé à l'extrémité de la presqu'île de Malaga, près de la ville de Munda; il se résolut à recevoir la bataille dans une position avantageuse; il y attendit son ennemi de pied ferme. Sa ligne de bataille était de treize légions; César l'attaqua avec huit; la victoire se déclarait pour Pompée. César paraissait perdu; il changea alors la tête de la dixième légion, sans pouvoir rétablir ses affaires, lorsque le roi Bogud, avec ses Numides, alla attaquer le camp de Pompée. Labienus détacha cinq cohortes au secours du camp. Ce mouvement rétrograde dans un instant si critique décida la victoire. Les vétérans crurent que l'ennemi était en retraite et redoublèrent d'ardeur. Les troupes de Pompée crurent que l'on se retirait, et se découragèrent; 30,000 hommes restèrent sur le champ de bataille, parmi lesquels Labienus et Varus, et 3000 chevaliers romains. Les aigles des treize légions, la plus grande partie des drapeaux, dix-sept officiers du premier rang, furent les trophées de cette journée, qui coûta aux vainqueurs 1000 morts et 500 blessés. César avait coutume de dire que *partout il avait combattu pour la victoire, mais qu'à Munda il s'était battu pour sauver sa vie.* Cneius Pompée fut peu de semaines après tué, et sa tête promenée en triomphe. Sextus, son frère, qui commandait à Cordoue lors de la bataille, erra dans les montagnes, survécut à la perte de son parti, dont il releva les étendards par la suite. Toute la Bétique se soumit; le parti de Pompée fut entièrement détruit, tout l'univers romain reconnut la loi du vainqueur. Le jeune Octave, depuis Auguste, figure pour la première fois dans cette campagne, où il fit ses premières armes sous les yeux de son oncle, qui l'affectionnait beaucoup.

IV.

Observations.

1. César mit vingt-trois jours pour se rendre par terre de Rome à Sierra-Morena; il y a quatre cent cinquante lieues: il en faudrait aujourd'hui en poste, marchant nuit et jour, douze.

Quel service n'aurait pas rendu Caton, s'il se fût trouvé à Cordoue, au milieu du camp des jeunes Pompée, dont le parti vaincu à Pharsale, à Thapsus, renaissait de ses cendres, tant il était puissant dans l'opinion des peuples; la mort de cet homme de bien fut donc un malheur pour le sénat et la république; il manqua de patience, il ne sut pas attendre le temps et l'occasion.

2. Munda est une des circonstances où César attaqua et donna bataille, malgré la bonne position de son ennemi; aussi faillit-il y être vaincu. Le mouvement de Labienus, qui en soi était bon, décida de la journée. Il est un moment, dans les combats, où la plus petite manœuvre décide et donne la supériorité : c'est la goutte d'eau qui fait le trop plein.

3. A la bataille de Pharsale, César a perdu 200

hommes; à celle de Thapsus, 50; à celle de Munda, 1000; tandis que ses ennemis y avaient perdu leurs armées. Cette grande disproportion de pertes dans des journées si disputées entre le vainqueur et le vaincu, n'a pas lieu dans les armées modernes, parce que celles-ci se battent avec des armes de jet, et que le canon, le fusil, tuent également des deux côtés, au lieu que les anciens se battaient avec l'arme de main jusqu'à la victoire. Il y avait peu de pertes; les boucliers paraient les traits, et ce n'était qu'au moment de la défaite que le vaincu était massacré; c'était une multitude de duels où les battus, en tournant le dos, recevaient le coup de mort.

Les généraux en chef des armées anciennes étaient moins exposés que ceux des armées modernes; ils paraient les traits avec leurs boucliers; les flèches, les frondes et toutes leurs machines de jet étaient peu meurtrières : il est des boucliers qui ont paré jusqu'à deux cents flèches. Aujourd'hui le général en chef est obligé tous les jours d'aller au coup de canon, souvent à portée de mitraille, et à toutes les batailles à portée de fusil, pour pouvoir reconnaître, voir et ordonner : la vue n'a pas assez d'étendue pour que les généraux puissent se tenir hors de la portée des balles.

L'opinion est établie que les guerres des anciens

étaient plus sanglantes que celles des modernes : cela est-il exact? Les armées modernes se battent tous les jours, parce que les canons et les fusils atteignent de loin; les avant-gardes, les postes se fusillent et laissent souvent cinq ou six cents hommes sur le champ de bataille de chaque côté. Chez les anciens les combats étaient plus rares et moins sanglans. Dans les batailles modernes, la perte faite par les deux armées, qui est, par rapport aux morts et blessés, à peu près égale, est plus forte que la perte des batailles anciennes qui ne tombait que sur l'armée battue.

On dit que César fut sur le point de se donner la mort pendant la bataille de Munda; ce projet eût été bien funeste à son parti : il eût été battu comme Brutus et Cassius!!... Un magistrat, un chef de parti, peut-il donc abandonner les siens volontairement? Cette résolution est-elle vertu, courage et force d'âme? la mort n'est-elle pas la fin de tous les maux, de toutes contrariétés, de toutes peines, de tous travaux, et l'abandon de la vie ne forme-t-il pas la vertu habituelle de tout soldat? Veut-on, doit-on se donner la mort? Oui, dit-on, lorsque l'on est sans espérance. Mais qui, quand, comment peut-on être sans espérance sur ce théâtre mobile, où la mort naturelle ou forcée d'un seul homme change sur-le-champ l'état et la face des affaires.

CHAPITRE SEIZIÈME.

Mort de César, l'an 44 avant Jésus-Christ.

I. Dernière année de la vie de César. — II. Guerre contre les Parthes. — III. Assassinat de César. Il n'a jamais pensé à se faire roi.

I.

César arriva à Rome dans le mois d'octobre (le calendrier était réformé alors) de l'an 45, de retour d'Espagne; il fut assassiné au mois de mars de l'an 44. Il a été six mois maître du monde; il triompha du fils de Pompée, nouveauté qui fut trouvée bien odieuse. Jamais Marius ni Sylla n'avaient triomphé d'aucun citoyen.

Le sénat le déclara empereur et dictateur perpétuel ; depuis ce temps il porta toujours une couronne de laurier, et la robe triomphale aux jours de fête. Il créa un grand nombre de sénateurs et de patriciens. Il avait réformé le calendrier ; il fit travailler à la rédaction du Code civil, criminel, pénal. Il fit dresser des projets pour embellir Rome de plusieurs beaux édifices ; il fit travailler à la confection d'une carte générale de l'empire et à une statistique des provinces ; il chargea Varron de former une nombreuse bibliothèque publique ; il annonça le projet de dessécher les marais Pontins, de creuser un nouveau lit au Tibre, depuis Rome jusqu'à la mer, et à Ostie un port capable de contenir les plus gros vaisseaux ; il parla de percer l'isthme de Corinthe ; il envoya des colonies pour relever Corinthe et Carthage.

Il pardonna sincèrement à tous les restes de la faction de Pompée, et appela aux plus hautes charges les chefs des principales maisons patriciennes ; il obéissait à un sentiment de générosité qui lui était naturel, mais aussi, aux conseils de la politique. C'est à la tête du parti populaire qu'il avait passé le Rubicon ; c'est avec son aide qu'il avait vaincu l'orgueilleuse aristocratie ralliée autour de Pompée. En effet, qu'eût-il pu faire avec deux ou trois légions ?

comment eût-il soumis l'Italie et Rome, sans siéges et sans combats, si la majorité des bras des Romains et des Italiens n'eût été pour lui? Pompée, au commencement de la guerre civile, avait deux vieilles légions et 30,000 hommes aux portes de Rome; il avait trente cohortes à Corfinium. Mais le peuple était contre lui, il dut sans combattre abandonner la ville éternelle. Il passa les mers pour courir à la rencontre des légions d'Asie; il s'y forma une armée, se trouva en Grèce environné du sénat et de la majorité des patriciens; mais César, dès le début, fut maître de Rome.

Après les triomphes de Pharsale, de Thapsus, de Munda, le parti de Pompée étant détruit, le parti populaire et les vieux soldats haussèrent leurs prétentions, firent entendre leurs voix; César en fut inquiet; il eut recours à l'influence des principales maisons pour les contenir. Chez les peuples et dans les révolutions l'aristocratie existe toujours : la détruisez-vous dans la noblesse, elle se place aussitôt dans les maisons riches et puissantes du tiers-état; la détruisez-vous dans celles-ci, elle surnage et se réfugie dans les chefs d'ateliers et du peuple. Un prince ne gagne rien à ce déplacement de l'aristocratie; il remet au contraire tout en ordre en la laissant subsister dans son état naturel, en reconstituant les anciennes maisons sous les nouveaux principes. Cet ordre de choses était plus nécessaire à Rome encore, qui, commandant à l'univers, avait besoin, pour maintenir sa supériorité, de cette magie attachée aux noms des Scipion, des Paul-Émile, des Metellus, des Clodius, des Fabius, etc., etc., qui avaient conquis, gouverné et tant influé depuis plusieurs siècles sur les destinées de l'Europe, de l'Asie, de l'Afrique.

II.

Crassus avait péri avec son armée sur les bords de l'Euphrate; les aigles de ses légions étaient encore entre les mains des Parthes; le peuple romain réclamait une vengeance que les guerres civiles retardaient depuis six ans. César, dans les premiers jours de l'an 44, annonça son dessein de passer la mer, de soumettre les Parthes et de venger les mânes de Crassus. Pendant tout l'hiver il fit travailler aux préparatifs de cette grande expédition, que réclamait la gloire de Rome et l'intérêt de César; en effet, après une guerre civile aussi acharnée, il fallait une guerre étrangère pour amalgamer les restes de tous les partis et recréer les armées nationales.

La guerre contre les Parthes avait deux difficultés : 1° la manière de combattre de ces peuples, qui étaient tous armés d'armes de jet d'une nature supérieure aux armes ordinaires. Les flèches des Parthes perçaient les boucliers des légionnaires; ils n'attendaient pas le choc des pesamment armés, mais ils les accablaient de loin. Labienus avait employé ce genre de guerre avec succès en Afrique; il est probable que César en eût triomphé en leur opposant un grand nombre de gens de trait tirés de Crète, des îles Baléares, d'Espagne et d'Afrique. 2° La seconde difficulté était la nature du pays. En pénétrant par la Haute-Arménie, il fallait long-temps faire la guerre dans des pays de montagnes; en pénétrant par l'Euphrate et la Mésopotamie, on rencontrait des marais, des inondations et des déserts arides. Tous ces obstacles n'étaient point au-dessus du génie de César. Une nombreuse flotille sur l'Euphrate et le Tigre eût triomphé des obstacles des eaux, et un grand nombre de chameaux chargés d'outres eussent fait disparaître l'aridité du désert. Il est donc probable qu'il eût réussi et eût porté l'aigle romaine sur les bords de l'Indus, si toutefois la fortune, qui pendant treize campagnes l'avait favorisé, lui fût encore resté constante. Elle a favorisé Scipion pendant cinq campagnes; Alexandre pendant onze campagnes; elle n'a abandonné Pompée qu'à sa seizième campagne, et Annibal qu'à la dix-septième, et sans pouvoir espérer de captiver encore un an cette cruelle.

III.

Pendant que ce grand homme se préparait à remplir de si grandes destinées, les débris du parti de l'aristocratie, qui devaient la vie à sa générosité, conjurèrent contre sa vie: Brutus et Cassius étaient à la tête; Brutus était stoïcien, élève de Caton. César l'affectionnait et lui avait deux fois sauvé la vie; mais la secte dont il était n'admettait rien qui le pût fléchir. Plein des idées enseignées dans les écoles grecques contre la tyrannie, l'assassinat de tout homme qui était de fait au-dessus des lois était regardé comme légitime. César, dictateur perpétuel, gouvernait tout l'univers romain; il n'avait qu'un simulacre de sénat: cela ne pouvait pas être autrement, après les proscriptions de Marius et de Sylla, la violation des lois par Pompée, cinq ans de guerre civiles, un aussi grand nombre de vétérans établis en Italie, attachés à leurs généraux, attendant tout de la grandeur de quelques hommes, et rien de la république. Dans un tel état de choses, ces assemblées délibérantes ne pouvaient plus gouverner; la personne de César était donc la garantie de la suprématie de Rome sur l'univers, et faisait la sécurité des citoyens de tous les partis: son autorité était donc légitime.

Les conjurés n'eurent pas de peine à réussir; César avait confiance en eux; Brutus, Cassius, Décamus, etc., étaient ses amis et ses familiers: César était confiant; il les croyait tous intéressés à la conservation de sa personne, car il protégeait tout ce que Rome avait de grand et d'hommes élevés, malgré les murmures du parti populaire et de l'armée.

Pour justifier depuis un lâche et impolitique assassinat, les conjurés et leurs partisans ont prétendu que César voulait se faire roi, assertion évidemment absurde et calomnieuse, qui cependant s'est transmise d'âge en âge, et passe aujourd'hui pour une vérité historique. Si César avait eu affaire à la génération qui avait vu Numa, Tullus et les Tarquin, il eût pu avoir recours, pour consolider son pouvoir et mettre un terme aux incertitudes de la république, à des formes de gouvernement vénérées, et auxquelles on eût été accoutumé; mais il vivait chez un peuple qui depuis cinq cents ans ne connaissait pas d'autre autorité que celle des consuls, des dictateurs, des tribuns; la dignité des rois était bien méprisable, avilie; la chaise curule était au-dessus du trône. Sur quel trône eût pu s'asseoir César? sur celui des rois de Rome, dont l'autorité s'étendait à la banlieue de la ville? sur celui des rois barbares de l'Asie, vaincus par les Fabricius, les Paul-Émile, les Scipion, les Métellus les Clodius, etc., etc.? C'eût été une étrange politique. Quoi! César eût cherché de la stabilité, de la grandeur, de la considération dans la couronne que portaient Philippe, Persée, Attale, Mithridate, Pharnace, Ptolomée, que les citoyens avaient vu traîner à la suite du char triomphal de leurs vainqueurs? Cela est trop absurde! Les Romains étaient accoutumés à voir les rois dans les antichambres de leurs magistrats.

On a dit que ce n'était pas roi de Rome qu'il voulait se faire proclamer, mais roi des provinces; comme si les peuples de la Grèce, de l'Asie-Mineure, de la Syrie, conservaient plus de respect pour le trône renversé sur lequel s'étaient assis Persée, Antiochus, Attale et Ptolomée, que pour la chaise curule de Lucullus, de Sylla, de Pompée et de César même: ce projet est donc tout aussi dénué de raison.

César a toujours affecté, jusqu'au dernier moment de sa vie, les formes populaires; il ne faisait rien que par un décret du sénat; les magistratures étaient nommées par le peuple, et s'il s'arrogea la réalité du pouvoir, il avait laissé subsister toutes les formes républicaines; il marchait sans garde, comme un simple citoyen; sa maison était sans faste; il allait journellement dîner chez ses amis; il était assidu à la tribune aux harangues, aux assemblées du peuple et au sénat. La première action de César, s'il eût voulu être roi, eût été de s'environner d'une bonne garde; il n'en fit rien, et se refusa constamment à la sollicitation de ses amis, qui, entendant frémir la faction vaincue, croyaient une garde nécessaire à la sûreté de sa personne. Quoique dictateur, il voulut être consul cette même année avec Antoine; il partagea tous les devoirs de cette charge. Les statues de Pompée ayant été renversées, il les fit relever avec éclat; il n'introduisit aucun changement dans l'esprit de son armée, qui constamment resta républicaine et dévouée au parti populaire et démocratique.

Quelles sont les preuves qu'allèguent ses accusateurs? Ils citent quatre anecdotes, probablement fausses ou mal rendues; car Cicéron, Florus, Velléius, n'en parlent pas; mais, admettez-les comme vraies, elles ne prouvent rien. Ils disent: 1° que le 26 juin, revenant du mont Albain avec l'honneur de l'ovation, il fut salué par quelqu'un du peuple du nom de roi, mais que la multitude resta muette et consternée, et qu'il répondit alors qu'il n'était *pas roi, mais César*; 2° que dans ce même temps un homme du peuple mit sur sa statue une couronne de laurier avec un bandeau royal; 3° que, célébrant les lupercales, le consul Antoine, qui était un des luperques, s'approcha de César qui était assis sur la tribune aux harangues, vêtu de sa robe triomphale, et sa couronne de laurier sur la tête; qu'il lui présenta un diadème; que celui-ci, au lieu de le mettre sur sa tête, l'envoya au capitole, disant que *Jupiter était le seul Roi des Romains*. Ces fêtes lupercales étaient des fêtes extravagantes: les luperques couraient la ville nus, ayant en main des fouets de cuir dont ils frappaient les passans; les dames les plus qualifiées présentaient leurs mains pour en recevoir les coups. Le préjugé était que cela les rendait fécondes; 4° que Lucius Cotta, l'un des prêtres commis à la garde des livres sybilliens, disait que *les Parthes ne pouvaient être vaincus que par un Roi.*

On a été plus loin pour indiposer les Romains; on a dit que César roi devait porter le siége de l'empire à Alexandrie où à Ilion. Voilà pourtant les misérables fondemens sur lesquels le bon Plutarque le libelliste, Suétone et quelques écrivains du parti, ont bâti un système si peu vraisemblable. Si César eût trouvé quelque avantage pour son autorité à s'asseoir sur le trône, il y fût arrivé par les acclamations de son armée et du sénat avant d'y avoir introduit la faction de Pompée. Ce n'était pas en se faisant saluer dans une promenade par un homme ivre du nom de roi, en faisant dire aux sybilles qu'un roi pouvait seul vaincre les Parthes, en se faisant présenter un diadème dans les lupercales, qu'il pouvait espérer d'arriver à son but. Il eût persuadé à ses légions que leur gloire, leur richesse, dépendaient d'une nouvelle forme de gouvernement qui mît sa famille à l'abri des factions de la toge; c'eût été en faisant dire au sénat qu'il fallait mettre les lois à l'abri de la victoire et de la soldatesque, et les propriétés à l'abri de l'avidité des vétérans, en élevant un monarque sur le trône; mais il prit une voie contraire: vainqueur, il ne gouverna que comme consul, dictateur ou tribun; il confirma donc, au lieu de les décréditer, les formes anciennes de la république. Après les succès qui ont suivi le passage du Rubicon, César n'a rien fait pour changer les formes de la république. Auguste même, long-temps après, et lorsque les générations républicaines tout entières étaient détruites par les proscriptions et la guerre des triumvirs, n'eut jamais l'idée d'élever un trône: Tibère, Néron, après lui, n'en ont jamais eu la pensée, parce qu'il ne pouvait pas entrer dans la tête d'un maître d'un grand État de se revêtir d'une dignité odieuse et méprisée. Si la couronne royale eût été utile à Auguste et à ses successeurs, ils l'eussent placée sur leur tête; mais César, qui était essentiellement romain, populaire, et qui, dans ses harangues et dans ses écrits, employait toujours la magie du peuple romain avec tant d'ostentation, ne l'eût fait qu'avec regret.

César n'a donc pas pu désirer, n'a pas désiré, n'a rien fait, a fait tout le contraire de ce dont on l'accuse: certes, ce n'est pas à la veille de partir pour l'Euphrate et de s'engager dans une guerre difficile, qu'il eût culbuté les formes en usage depuis cinq cents ans, pour en établir de nouvelles. Qui aurait gouverné Rome dans l'absence du roi? Un régent! un gouverneur! un vice-roi! tandis qu'elle était accoutumée à l'être par un consul, un préteur, un sénat, des tribuns.

En immolant César, Brutus céda à un préjugé d'éducation qu'il avait puisé dans les écoles grecques; il l'assimila à ces obscurs tyrans des villes du Péloponèse, qui, à la faveur de quelques intrigans, usurpèrent l'autorité de la ville: il ne voulut pas voir que l'autorité de César était légitime, parce qu'elle était nécessaire et protectrice, parce qu'elle conservait tous les intérêts de Rome, parce qu'elle était l'effet de l'opinion et de la volonté du peuple. César mort, il a été remplacé par Antoine, par Octave, par Tibère, par Néron, et après celui-ci toutes les combinaisons humaines se sont épuisées pendant six cents ans; mais ni la république ni la monarchie royale n'y ont paru, signe certain que ni l'une ni l'autre n'étaient plus appropriées aux événemens et au siècle. César n'a pas voulu être roi, parce qu'il n'a pas pu le vouloir; il n'a pas pu le vouloir, puisque, après lui, pendant six cents ans, aucun de ses successeurs ne l'a voulu. C'eût été une étrange politique de remplacer la chaise curule des vainqueurs du monde par le trône pourri, méprisé des vaincus.

FIN DES GUERRES DE CÉSAR.

FRAGMENS DIVERS.

Ces fragmens se composent d'une note sur le deuxième livre de l'Énéide de Virgile; d'observations sur la tragédie de Mahomet, par Voltaire, à la suite d'une lecture que j'eus l'honneur de faire à l'Empereur, d'une pensée sur le suicide et du deuxième codicile, qui n'a pas encore été publié.

Tout ce qui vient de Napoléon offre un si haut intérêt, que j'ai pensé ne pas devoir laisser dans l'oubli même ces travaux légers, jet d'une première dictée, échappés aux loisirs de l'illustre captif.

Le deuxième codicile complète les publications faites par MM. de Norvins et Antomarchi des testamens et codiciles de l'Empereur.

MARCHAND.

NOTE

SUR

LE DEUXIÈME LIVRE DE L'ÉNÉIDE

DE VIRGILE.

Le deuxième livre de l'*Énéide* est considéré comme le chef-d'œuvre de ce poëme épique; il mérite cette réputation sous le point de vue du style, mais il est bien loin de la mériter sur le fond des choses.

Le cheval de bois pouvait être une tradition populaire, mais cette tradition est ridicule et tout-à-fait indigne d'un poëme épique. On ne voit rien de pareil dans l'*Iliade*, où tout est conforme à la vérité et aux pratiques de la guerre. Comment supposer les Troyens assez imbécilles pour ne pas envoyer un bateau pêcheur à l'île de Ténédos, pour s'assurer si les mille vaisseaux des Grecs s'y étaient arrêtés où étaient réellement partis? Mais du haut des tours d'Ilion on découvrait la rade de Ténédos. Comment croire Ulysse et l'élite des Grecs assez ineptes pour s'enfermer dans un cheval de bois, c'est-à-dire se livrer pieds et mains liés à leurs implacables ennemis? En supposant que ce cheval contînt seulement cent guerriers, il devait être d'un poids énorme, et il n'est pas probable qu'il ait pu être mené du bord de la mer sous les murs d'Ilion en un jour, ayant surtout deux rivières à traverser.

Toute l'épisode de Sinon est invraisemblable et absurde; les ressources du poète, l'éloquence du discours qu'il met dans la bouche de Sinon n'en diminuent en rien l'absurdité. Cependant, il faut que le cheval soit, le jour même du départ des Grecs, introduit dans Troyes, sans quoi cela rendrait encore plus incroyable que les mille vaisseaux des Grecs pussent, si près de Troyes, rester cachés.

Le bel et charmant épisode de Laocoon se recommande de lui-même, mais ne peut en rien diminuer l'absurdité de la conduite des Troyens, puisqu'enfin on pouvait laisser plusieurs jours le cheval

NOTE SUR LE DEUXIÈME LIVRE DE L'ÉNÉIDE.

au camp dans sa position, et s'assurer que la flotte ennemie s'était éloignée, avant d'abattre les murailles pour l'introduire dans la ville.

Les guerriers enfermés dans le cheval de bois auquel Sinon ouvre la barrière, ne sortent que lorsque la flotte des Grecs, qui est partie de Ténédos lorsque tout dort et que la nuit est obscure, a déjà débarqué l'armée; ce ne peut donc pas être avant une heure du matin; aussi bien ce n'est guère qu'à cette heure que les corps de gardes s'endorment et que Sinon a pu ouvrir la barrière. Tout le deuxième livre de la destruction de Troyes s'opère donc de une heure du matin au lever du soleil, c'est-à-dire en trois à quatre heures; tout cela est absurde. Troyes n'a pu être pris, brûlé et détruit en moins de quinze jours de temps. Troyes renfermait une armée; cette armée ne s'est pas sauvée, elle a dû donc se défendre dans tous les palais. Énée, logé au palais de son père, dans un bois à une demi-lieue de Troyes, n'est instruit que par l'apparition d'Hector de la prise et de l'incendie de la ville. La maison d'Anchyse fût-elle à deux lieues de la ville, que le bruit du tumulte de la prise de la ville, la chaleur de l'incendie des premières maisons auraient réveillé les hommes et les animaux. Ilion n'est pas tombée dans une seule nuit, surtout dans une nuit si courte, et l'armée qui y était pour la défendre l'eût-elle évacuée, que, matériellement, l'armée grecque ne pouvait prendre possession et détruire la ville dans plusieurs jours. Énée n'était pas le seul guerrier qui se trouvait dans Ilion ; cependant il ne parle que de lui. Tant de héros qui jouent un rôle si brillant dans l'*Iliade* ont dû aussi, de leur côté, défendre chacun leur quartier.

Une tour dont le sommet s'élevait jusqu'aux cieux et dont le comble y semblait suspendu, était sans doute de pierres ; on ne voit pas comment Enée, en peu d'instans, et avec le secours de quelques leviers de fer, a pu la faire crouler sur la tête des Grecs.

Si Homère eût traité la prise de Troyes, il ne l'eût pas traitée comme la prise d'un fort, mais il y eût employé le temps nécessaire ; au moins huit jours et huit nuits. Lorsque l'on lit l'*Iliade*, on sent à chaque instant qu'Homère a fait la guerre, et n'a pas, comme le disent les commentateurs, passé sa vie dans les écoles de Chio ; quand on lit l'*Énéide*, on sent que cet ouvrage est fait par un régent de collége qui n'a jamais rien fait. On ne voit pas en effet ce qui a pu décider Virgile à commencer et à finir la prise, l'incendie et le pillage de Troyes en peu d'heures : dans ce court espace il fait même ramasser toutes les richesses dans des magasins centraux. La maison d'Anchyse devait être très-près de Troyes, puisque dans ce peu d'heures, et malgré les combats, Énée y fait plusieurs voyages. Il fallut à Scipion dix-sept jours pour brûler Carthage, abandonnée de ses habitans; il a fallu onze jours pour brûler Moscou, quoique en grande partie bâtie en bois; et, pour une ville de cette étendue, il faut plusieurs jours à l'armée conquérante pour en prendre possession. Troyes était une grande ville, car les Grecs qui avaient cent mille hommes, n'essayèrent jamais de la cerner. Lorsque Énée retourne cette nuit même dans Ilion, il retrouve

> Ulysse, des vainqueurs gardant la riche proie;
> Là sont accumulés tous les trésors de Troie.

Pour cette seule opération il faut plus de quinze jours, et ce n'est pas dans un moment de désordre d'une ville prise d'assaut qu'on va s'amuser à entasser les richesses dans des magasins centraux.

> Le jour naît : je retourne à ma troupe fidèle.

Ainsi, d'une heure du matin à quatre heures, c'est-à-dire en trois heures, Énée a été à Troyes, a livré tous les combats dont il rend compte, a défendu le palais de Priam, est revenu chercher Créuse à Troyes et a trouvé la ville toute soumise ne rendant plus de combats, entièrement occupée par l'ennemi, toute brûlée, et les magasins déjà fermés. Ce n'est pas ainsi que doit marcher l'épopée, et ce n'est pas ainsi que marche Homère dans l'*Iliade*. Le journal d'Agamemnon ne serait pas plus exact pour les distances et le temps et pour la vraisemblance des opérations militaires, que ne l'est ce chef-d'œuvre.

Ce troisième chant n'est absolument qu'une copie de l'*Odyssée;* et dans le quatrième chant, le récit n'est pas dans le genre de celui d'Homère, où tous les jours sont marqués, où toutes les actions ont leur commencement, leur milieu et leur fin, et ne sont pas englomérées dans un récit général.

OBSERVATIONS

SUR

LA TRAGÉDIE DE MAHOMET,

PAR VOLTAIRE.

Malgré les taches qui obscurcissent la tragédie de *Mahomet* de M. de Voltaire, les beautés dont ce chef-d'œuvre est plein l'ont placé au premier rang et font encore les délices de notre scène; mais serait-il donc bien difficile de faire disparaître des taches qui ne tiennent point à la nature de l'ouvrage?

1° L'amour de Mahomet pour Palmire, placé à côté de celui de Séide, est un objet de dégoût et du plus mauvais effet, d'autant que cet amour est inutile et comme hors-d'œuvre; il ne produit rien, car on ne saurait admettre que la mort de Palmire, privant Mahomet de sa maîtresse, est une punition de ses crimes; sans doute que la mort de Palmire eût été un châtiment pour l'amoureux Séide; mais à qui fera-t-on croire que c'en pût être un pour Mahomet.

2° La seconde tache que l'on remarque dans cette pièce est le poison, employé deux fois par Mahomet pour arriver aux moyens de succès et pour préparer ses triomphes. Quoi! Mahomet qui a détruit les faux dieux, renversé le temple des idoles dans la moitié du monde, propagé plus que qui que ce soit la connaissance d'un seul dieu dans l'univers, Mahomet, considéré comme prophète à Constantinople, à Delhi, au Grand-Caire, à Maroc, Mahomet ne serait arrivé à ces grands résultats que par les moyens qu'ont employés les Damiens et les Bastide pour s'emparer de la succession de leurs voisins? Les plus petites sociétés ont peu de durée et se détruisent d'elles-mêmes, parce qu'elles ne sont point cimentées par les liens de la moralité si nécessaire à la société.

Hercide est faible, dit Mahomet à Omar; *et bien, empoisonne-le.* Mais comment Omar ne conçoit-il pas lui-même qu'il peut aussi être empoisonné? Par le même principe, Séide, couvert du sang de Zopire, est désavoué par Mahomet et arrêté par Omar. Avec de pareils procédés, Mahomet, un second Séide, et Omar lui-même n'eût servi qu'en tremblant un scélérat sacrifiant et désavouant ses principaux instrumens.

Séide, instruit qu'il vient d'assassiner son père, se met à la tête du peuple contre Mahomet, qui semble perdu, et ne se sauve d'un pas si dangereux qu'en ordonnant au poison d'agir sur Séide, afin d'arrêter le bras de ce jeune assassin, et de forcer ainsi le peuple à se déclarer....

Quoi, toutes les destinées de Mahomet, qui ont tant influé sur l'univers, n'étaient fondées que sur l'art de.... et de....[1]

Pour que l'ouvrage de Mahomet soit vraiment digne de la scène française, il faut qu'il puisse être lu sans indignation aux yeux des hommes éclairés de Constantinople comme de Paris. Mahomet fut un grand homme, intrépide soldat: avec une poignée de monde il triompha au combat de Bender; grand capitaine, éloquent, grand homme d'état, il régénéra sa patrie, et créa au milieu des déserts de l'Arabie un nouveau peuple et une nouvelle puissance.

3° La situation des esprits et la force des factions

---

[1] Ces deux mots sont en blanc dans le manuscrit original.
(*Note de l'éditeur.*)

dans la Mecque n'est pas suffisamment développée; la politique de Mahomet est à peine et très-faiblement tracée; c'est la troisième tache que nous désirerions voir disparaître de notre scène.

Pour faire disparaître l'amour de Mahomet pour Palmire, il n'y aurait rien à changer au premier acte. A la scène troisième du second acte, Mahomet dit à Séide: *Vous, Séide, en ces lieux.* C'est, dans l'intention de l'auteur, un mouvement de jalousie; mais ce vers peut être laissé parce qu'il peut être attribué à l'étonnement de voir Séide chez son père. A la quatrième scène, il paraîtrait que le dernier vers que prononce Mahomet:

De quel œil revois-tu Palmire avec Séide?

devrait être retranché; mais on pourrait l'y laisser, car c'est un vers de jalousie; il peut aussi être l'effet de la surprise de voir les deux enfans de Zopire dans sa maison; mais il faudrait supprimer la réplique de Mahomet et celle d'Omar jusqu'à ce vers:

Tous deux sont nés ici du tyran que je hais.

plus bas:

Déjà sans se connaître, ils m'outragent tous deux.
J'attisai de mes mains leurs feux illégitimes,
Le ciel voulut ici rassembler tous les crimes,

et dire, au lieu de ces trois vers, que ces enfans lui serviraient à détourner Zopire, à s'en faire un partisan ou à s'en venger s'il ne pouvait y réussir.

A la scène sixième il faudrait effacer :

De son maître offensé rival incestueux,

et toute la tirade de Mahomet, de douze vers, et qui finit le second acte.

A l'acte troisième, il faut supprimer la scène quatrième; à la scène cinquième, l'hémistiche d'Omar : *Et de ravir Palmire.*

Au quatrième acte, scène première, il faudra effacer :

Son cœur m'aime en secret, ambitieux peut-être,
Sentira quelque orgueil à captiver son maître.

Au cinquième acte, il faudra effacer, à la scène seconde :

Sachez qu'un sort plus noble, un titre encor plus grand,
Si vous le méritez, peut-être vous attend.

et, enfin, les vingt-quatre vers de Mahomet qui terminent la pièce.

Ainsi, avec ces trois légères suppressions, sans même ajouter un seul vers, on ferait disparaître de ce chef-d'œuvre sa plus grande tache.

Pour effacer la seconde tache, l'empoisonnement d'Hercide, il faudrait peu de changemens.

Au quatrième acte il suffit de supprimer : *Hercide est faible*, etc.; ainsi que la réponse d'Omar : *J'ai fait ce que tu veux.*

A la scène cinquième du quatrième acte, il faudrait effacer :

Je suis puni, je meurs des mains de Mahomet.

Et à la scène première du cinquième acte, supprimer les vers d'Omar :

Qui pourrait l'en instruire? un éternel oubli
Tient avec ce secret Hercide enseveli.

Pour supprimer l'empoisonnement de Séide, il faudrait un changement dans tout le dénoûment; d'abord, au quatrième acte, il faudrait effacer :

Réponds-tu qu'au trépas Séide soit livré?
Réponds-tu du poison qui lui fut préparé?

Dans ce système, toute la scène sixième du quatrième acte serait à retrancher; il faudrait, à la place, y substituer une scène où Seide serait tué par les partisans de Zopire, le surprenant couvert du sang de leur maître, ou dans laquelle il se tuerait lui-même de désespoir d'avoir tué son père. Omar arriverait alors et enleverait Palmire.

Dans ce système, le cinquième acte serait tout à changer; Séide serait avoué par Mahomet; il aurait commis le combat sacré, ordonné par Dieu dans le Coran; le parti de Zopire dans la Mecque, abattu par la mort de son chef, ne saurait faire aucune résistance contre le parti de Mahomet, soutenu par l'armée, déjà aux portes de la ville, et qui apparaîtrait sur les remparts : cela, avec la mort de Palmire, terminerait le cinquième acte.

NOTE

SUR LE SUICIDE.

Ce 10 août 1820.

Un homme a-t-il le droit de se tuer? Oui, si sa mort ne fait tort à personne et si la vie est un mal pour lui.

Quand la vie est-elle un mal pour l'homme? Lorsqu'elle ne lui offre que des souffrances et des peines: mais comme les souffrances et les peines changent à chaque instant, il n'est aucun moment de la vie où l'homme ait le droit de se tuer: le moment ne serait arrivé qu'à l'heure même de sa mort, puisqu'alors seulement il lui serait prouvé que sa vie n'a été qu'un tissu de maux et de souffrances.

Il n'est pas d'homme qui n'ait eu plusieurs fois dans sa vie l'envie de se tuer, succombant aux affections morales de son âme, mais qui, peu de jours après, n'en eût été fâché par les changemens survenus dans ses affections et dans les circonstances.

L'homme qui se fût tué le lundi eût voulu vivre le samedi, et cependant on ne se tue qu'une fois. La vie de l'homme se compose du passé, du présent et de l'avenir; il faut donc que la vie soit un mal pour lui, si non pour le passé, le présent et l'avenir, au moins pour le présent et l'avenir. Mais, si elle n'est un mal que pour le présent, il sacrifie l'avenir. Les maux d'un jour ne l'autorisent pas à sacrifier sa vie à venir; l'homme dont la vie est un mal, et qui aurait l'assurance, ce qui est impossible, qu'elle le serait toujours, et ne changerait pas de position ou de volonté, soit par des modifications de circonstances et de situation, soit par l'habitude et la marche du temps, ce qui est encore impossible, aurait seul le droit de se tuer.

L'homme qui, succombant sous le poids des maux présens, se donne la mort, commet une injustice envers lui-même, obéit par désespoir et faiblesse à une fantaisie du moment, à laquelle il sacrifie toute l'existence à venir.

La comparaison d'un bras gangrené que l'on coupe pour sauver le corps n'est pas bonne: lorsque le chirurgien coupe le bras, il est certain qu'il donnerait la mort au corps; ce n'est pas un sentiment, c'est une réalité; au lieu que quand les souffrances de la vie portent un homme à se tuer, non-seulement il met un terme à ses souffrances, mais encore il détruit l'avenir : un homme ne se repentira jamais de s'être fait couper un bras, il peut se repentir et se repentira presque toujours de s'être donné la mort[1].

[1] Voyez sur le même sujet les pages 197 et 206 du *Précis des guerres de César*.
(*Note de l'éditeur.*)

DEUXIÈME CODICILE.

16 Avril 1821, Longwood.

Ceci est un second codicile à mon testament.

Par mon premier codicile de ce jour, j'ai fait donation de tout ce qui m'appartient dans l'île de Sainte-Hélène aux comtes Bertrand, Montholon, et à Marchand; c'est une forme pour mettre hors de cause les Anglais; ma volonté est qu'il soit disposé de mes effets de la manière suivante :

1° On trouvera 300,000 francs en or et en argent,

desquels seront distraits 50,000 francs pour payer la réserve due à mes domestiques; le restant sera distribué : 50,000 francs à Bertrand, 50,000 francs à Montholon, 50,000 francs à Marchand, 15,000 francs à Saint-Denis, 15,000 francs à Noverrus, 15,000 francs à Pierron, 15,000 francs à Vignaly, 10,000 francs à Archambault, 10,000 francs à Coursot, 5000 francs à Chandellier; le restant sera donné en gratification au médecin anglais, en charité à la paroisse et aux domestiques chinois.

2° Je lègue mon collier de diamans à Marchand.

3° Je lègue à mon fils tous les effets qui ont été à mon usage, conformément à l'état A.

4° Tout le reste de mes effets sera partagé entre Bertrand, Montholon et Marchand, défendant qu'il soit rien vendu de ce qui a été à mon usage.

5° Je lègue à Madame ma très-bonne et très-chère mère, les bustes, cadres, petits tableaux qui sont dans ma chambre, et les seize aigles d'argent qu'on distribuera entre mes frères, sœurs, neveux. Je charge Coursot de lui porter ces objets à Rome, ainsi que les chaînes et colliers de la Chine que Marchand lui remettra pour Pauline.

6° Toutes les donations contenues dans ce codicile sont indépendantes de celles faites par mon testament.

7° L'ouverture de mon testament sera faite en Europe, en présence de toutes les personnes qui ont signé sur l'enveloppe.

J'institue mes exécuteurs testamentaires les comtes Montholon, Bertrand et Marchand.

Ce codicile, tout écrit de ma propre main, est signé et scellé de mes armes.

Signé NAPOLÉON.

TABLE DES MATIÈRES.

	Page
Préface	1
Précis des Guerres de César	23

CHAPITRE PREMIER.

Guerre des Gaules. Première campagne, l'an 58 avant Jésus-Christ.

I. César. — II. Guerre des Helvétiens. — III. Guerre d'Arioviste. — IV. Observations 25

Page

CHAPITRE DEUXIÈME.

Deuxième campagne, l'an 57 avant Jésus-Christ.

I. Guerre des Belges. Combat sur l'Océan. — II. Défaite des Belges du Hainaut. Bataille sur la Sambre. — III. Destruction des Belges sous Namur. Siége de Falais. — IV. Observations 36

CHAPITRE TROISIÈME.

Troisième campagne, l'an 56 avant Jésus-Christ.

I. Guerre du Valais. — II. Guerre de Bretagne. — III. Guerre de la Basse-Normandie. — IV. Guerre d'Aquitaine. — V. Observations 46

CHAPITRE QUATRIÈME.

Quatrième campagne, l'an 55 avant Jésus-Christ.

I. Incursion des Allemands en Belgique. — II. César passe le Rhin. — III. Descente en Angleterre. — IV. Observations. 55

CHAPITRE CINQUIÈME.

Cinquième campagne, l'an 54 avant Jésus-Christ.

I. Seconde descente en Angleterre. — II. La légion de Sabinus est égorgée par les peuples de Liége. — III. Cicéron est assiégé dans son camp par les peuples du Hainaut. — IV Induciomare, chef des peuples de Trèves, est tué. — V. Observations . 72

TABLE DES MATIÈRES.

Page

CHAPITRE SIXIÈME.

Sixième campagne, l'an 53 avant Jésus-Christ.

I. Guerre contre Sens, Chartres, Trèves et Liége. — II. Second passage du Rhin. — III. César poursuit vainement Ambiorix. — IV. Observations . . .   89

CHAPITRE SEPTIÈME.

Septième campagne, l'an 52 avant Jésus-Christ.

I. Révolte générale des Gaules. — II. Siége de Bourges. — III. Siége de Clermont. — IV. Soulèvement d'Autun. — V. Siége d'Alise. Vercingetorix est fait prisonnier. — VI. Observations   96

CHAPITRE HUITIÈME.

Huitième campagne, l'an 50 avant Jésus-Christ.

I. Opérations militaires pendant l'hiver. — II. Guerre contre les Belges de Bauvais. — III. Siége de Cahors. — IV. Intrigues et mouvemens des troupes pendant l'an 50. — V. Observations. 112

CHAPITRE NEUVIÈME.

Guerre civile. Campagne d'Italie, l'an 49 avant Jésus-Christ.

I. Guerre civile. — II. César s'empare de l'Italie. — III. Observations. 120

CHAPITRE DIXIÈME.

Guerre civile. Campagne d'Espagne, l'an 49 avant Jésus-Christ.

I. Guerre de 40 jours entre la Sègre et l'Èbre. — II. Affaires d'Andalousie. — III. Siége de Marseille. — IV. Observations 127

CHAPITRE ONZIÈME.

Guerre civile. Campagne de Thessalie, l'an 48 avant Jésus-Christ.

I. Opérations des armées en Épire jusqu'à la réunion d'Antoine.— II. Combat de Dyrrachium.—III. Bataille de Pharsale. — IV. Observations. . . . 138

CHAPITRE DOUZIÈME.

Guerre d'Alexandrie, l'an 47 avant Jésus-Christ.

I. Opérations militaires dans Alexandrie pendant les premiers mois. — II. Combat naval. — III. Bataille sur le Nil. — IV. Observations 155

CHAPITRE TREIZIÈME.

Guerre civile. Campagne d'Illyrie, l'an 47 avant Jésus-Christ.

I. Pharnace attaque les alliés du peuple romain. — II. César bat Pharnace : *veni, vidi, vici.* — III. Affaires d'Illyrie pendant cette année. — IV. Guerre en Grèce, même année. — V. Conduite de César à Rome. — VI. Observations. 166

CHAPITRE QUATORZIÈME.

Guerre civile. Campagne d'Afrique, l'an 46 avant Jésus-Christ.

I. Opérations de Curion en Afrique pendant l'an 49. — II. Le parti de Pompée se rallie pendant les années 49, 48 et 47 en Afrique. — III. Opérations de César pendant janvier. — IV. Opérations jusqu'à la réunion de son armée. — V. Bataille de Thapsus (4 avril). — VI. Observations. . . . 178

CHAPITRE QUINZIÈME.

Guerre civile. Campagne d'Espagne, l'an 45 avant Jésus-Christ.

I. Affaires d'Espagne pendant les années 48, 47 et 46. — II. Le jeune Pompée soulève les Espagnes. Il y réunit une grosse armée. — III. César passe les Pyrénées. Bataille de Munda. — IV. Observations. 199

CHAPITRE SEIZIÈME.

Mort de César, l'an 44 avant Jésus-Christ.

I. Dernière année de la vie de César. — II. Guerre contre les Parthes. — III. Assassinat de César. Il n'a jamais pensé à se faire roi 207

                                                          Page
FRAGMENS DIVERS 221
Note sur le deuxième livre de l'*Énéide* de Virgile. . 225
Observations sur la tragédie de *Mahomet*, par Voltaire. 233
Note sur le suicide 243
Deuxième Codicile 249

FIN DE LA TABLE DES MATIÈRES.

Élévation d'une pile du grand bras.

Élévation d'une pile du petit bras.

Vue des ponts sur pilotis Construits sur le Danube vis-à-vis l'Isle de Lobau.

PLAN DES PONTS CONSTRUITS SUR LE DANUBE
vis-à-vis l'Isle de Lobau.

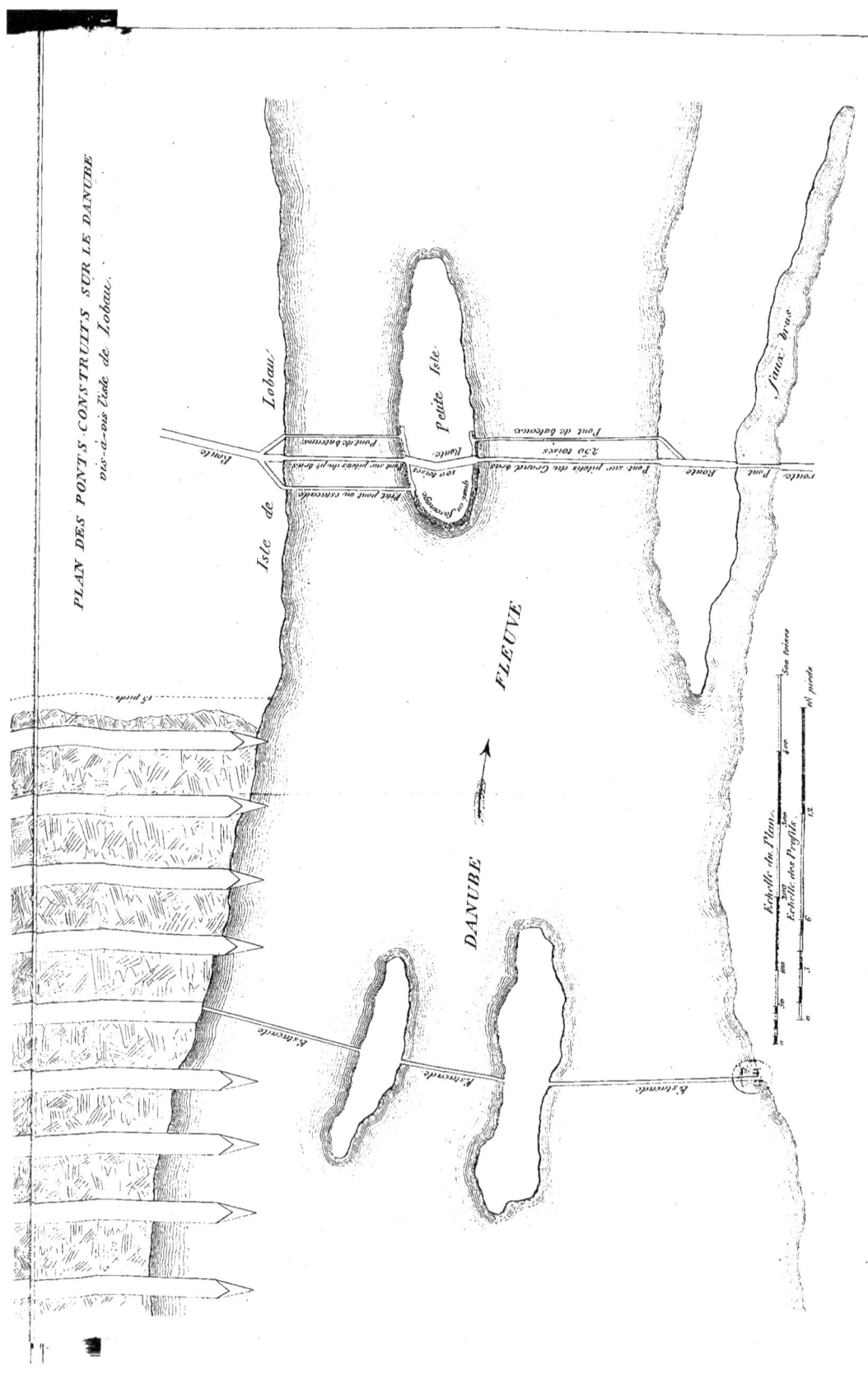

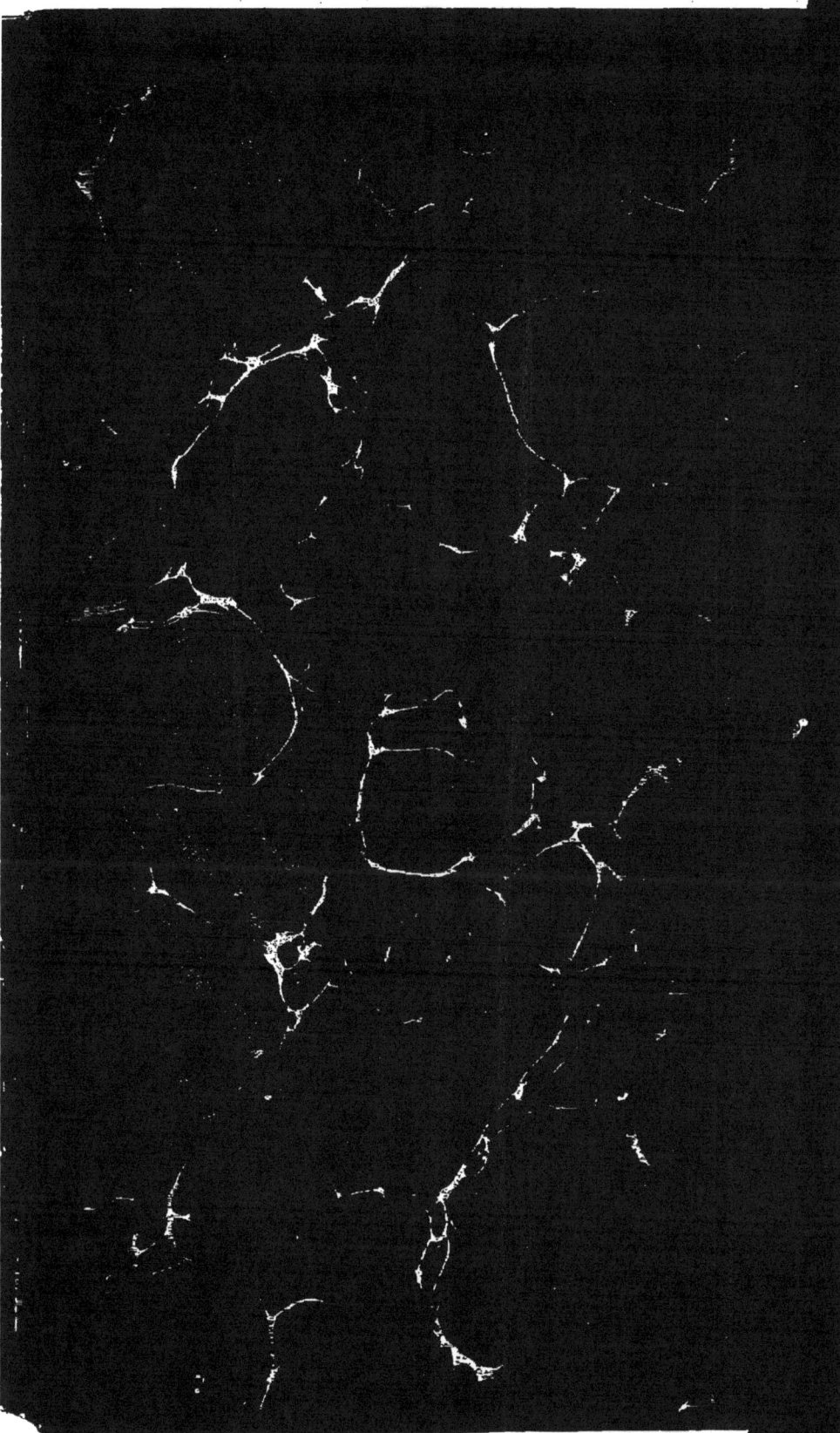

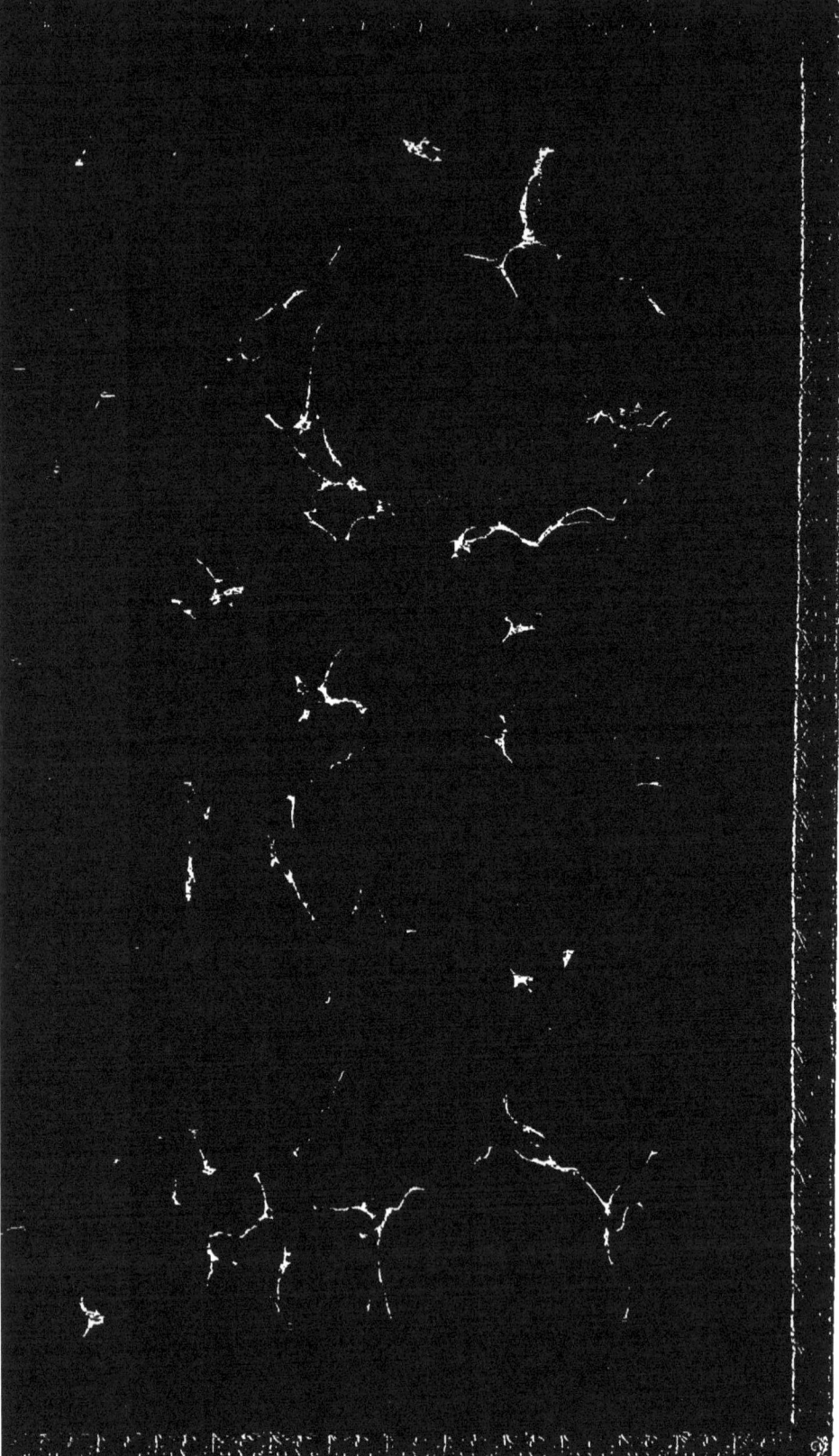